新班级教育

学生发展多元评价的崇文实践

俞国娣　虞大明　邵建辉◇ 著

吉林大学出版社

·长春·

图书在版编目（CIP）数据

新班级教育：学生发展多元评价的崇文实践 / 俞国娣, 虞大明, 邵建辉著. -- 长春：吉林大学出版社, 2020.6

ISBN 978-7-5692-6692-4

Ⅰ.①新… Ⅱ.①俞… ②虞… ③邵… Ⅲ.①学生 - 教育评估 - 研究 Ⅳ.①G449.7

中国版本图书馆CIP数据核字（2020）第120825号

书　　名	新班级教育：学生发展多元评价的崇文实践
	XINBANJI JIAOYU：XUESHENG FAZHAN DUOYUAN PINGJIA DE CHONGWEN SHIJIAN
作　　者	俞国娣 虞大明 邵建辉 著
策划编辑	曲天真
责任编辑	高珊珊
责任校对	张宏亮
装帧设计	书道闻香
出版发行	吉林大学出版社
社　　址	长春市人民大街4059号
邮政编码	130021
发行电话	0431-89580028/29/21
网　　址	http://www.jlup.com.cn
电子邮箱	jdcbs@jlu.edu.cn
印　　刷	杭州万星印务有限公司
开　　本	787mm×1092mm　　　1/16
印　　张	14.75
字　　数	230千字
版　　次	2020年6月　　第1版
印　　次	2020年6月　　第1次
书　　号	ISBN 978-7-5692-6692-4
定　　价	45.00元

序

　　进入21世纪以来,基础教育领域中的改革如火如荼,广大中小学从不同的角度出发,积极探索学校改革的路径、方式,以实现育人模式的更新转变。杭州崇文实验学校也不例外,自2002年学校建立之初,就推出了新班级教育实验,先后就小班化教育、新课程改革等进行了一系列的实践探索。摆在大家面前的这本《新班级教育·学生发展多元评价的崇文实践》,就向我们展示了崇文实验学校在学生评价方面所进行的改革举措与成功经验。细细读来,其中多有启迪,值得广大教育工作者思考、借鉴。

　　其一,是对评价改革的深层思考。党的十八大以来,习近平总书记就建设教育强国做了一系列重要论述,从"把立德树人作为教育的根本任务"到"培养德智体美劳全面发展的社会主义建设者和接班人",给全体教育工作者提出了新时代教育改革的重大课题。崇文实验学校正是基于对这种教育发展宏观背景的认识和把握,对学校的评价改革进行了深层次的思考,努力通过改革,在评价中体现五育并举,创新人才培养模式,实现立德树人。

　　众所周知,有学习就会有评价,但是,评价绝不应该仅仅只是单纯的学业成绩。正如苏霍姆林斯基所说:只评价学习的最终成果,而忽视学生的勤奋、努力程度,这是不公正的。不能把评价变成威胁人的东西,任何时候评价都不可变为贬低个性的手段。事实上,学生是有差异的,每个孩子的智能都各具特色,世界上并不存在谁聪明、谁不聪明的问题,而是存在哪一方面聪明以及怎样聪明的问题。因此,新课程改革倡导教师对每一位学生报以积极、热切的期望,从多个角度来评价、观察和接纳学生,重在寻找和发现学生身上的闪光点,发现并发展学生的潜能。从本书中可以看出,崇文实验学校的老师们正是遵循着这一认识,对学生的学习进行评价,在评价的每一个环节,我们都看到了一个大写的"人"——学生。显然,哲学意义上的主体精神在崇文实验学校的评价改革中得到了很好的体现,并被演绎成了具体的教育行为。

其二,是对评价改革的价值定位。众所周知,学生是有差异的,心理学的研究表明:同样是7岁的儿童,其心理水平在4岁到11岁不等。但在现代学校的班级授课制下,受到各种因素的制约,教师面对有差异的学生却很难实行有差异的教学。显然,要为每一个学生提供适合的教育,就必须要让学生有所选择。随着新一轮国家基础教育课程改革的深化,浙江省教育厅颁布了《关于深化义务教育课程改革的指导意见》和《关于建设义务教育拓展性课程的指导意见》等文件,目的就是希望能够根据学生的发展需求,给学生提供富有特色的选修课程。问题在于,随着课程改革的深入推进,我们的评价也需要有相应的变化。也就是说,如果评价还停留在原来的做法上,用分数这一把尺子衡量学生的学习,那么,课程改革也就难以推进。

令人感到欣慰的是,崇文实验学校对评价做了新的价值阐释。"在找寻中成就自己"的理念下,提出了三个"更"的定位:一是通过评价让人更优秀,即通过评价内容的重构、评价方式的变革和评价媒介的创新,让普通变得优秀,让优秀变得卓越,让不行变可行;二是通过评价让人更全面,即由学的评价走向人的评价;三是通过评价让人更从容,即让所有参与者看到来自努力的希望,感受发自内心的关爱,体验生命成长的从容。显然,崇文实验学校对评价改革的价值定位让人们看到了曾经被扭曲的评价回归了原点——从育分走向了育人。

其三,是对评价改革的理性设计。学校进行的任何一项教育改革,都涉及数以百千计的学生,以及他们的家庭。因此,学校的改革需要审慎,需要在充分论证的基础上进行科学、理性的设计。从本书中可以看到,崇文实验学校在进行评价改革的过程中正是这样做的。

传统评价的弊端早已被大家所认识,诸如只重分数忽视能力、一把尺子衡量所有学生等,许多学校也在针对传统评价进行各种改革。而崇文实验学校则在分析、借鉴国内外相关评价理论的基础上,对评价改革进行了整体设计。在评价指向上,强调从评判走向引领,让学生通过评价清楚地知道前进的方向;在评价目标上,强调从可比走向可能,摆脱以往横向的充满不良竞争的"比",引导学生更好地进行自我反思,看到自己发展的可能性;在评价内容上,强调从平面走向立体,三大领域、八个模块、百余项目,涵盖身心、道德与学力状态,使评价更为全面,着眼人的整体发展;在评价过程上,强调从静态走向动态,凸显评价的过程性呈现与指导,让学生能够在评价中看到自己的发展趋势;在评价方式上,强调从笼统走向具体,通过细化评价项目,让评价变得更加清晰、具体与精准,使学生能够准确地看见自己的优势与不足。显然,这样的评价设计,已经走出了传统评价的窠臼,摆脱了评价仅仅只停留于评定、鉴定和定义的功能,而开始实现评价的激励功能、指导功能与引领功能,让我们看到了真正让评价发挥引领学生成长的作用。

其四,是对评价改革的持续推进。改革是一个长期的过程,尤其是评价这样充满顽疾的问题,更需要改革者有坚定的信念和持续推进的行动。从本书中大家可以看到,崇文实验学校的评价改革也经历了一个漫长的历程。令人欣喜的是,崇文实验学校始终没有放弃改革的行动,而是在持续推进的过程中不断完善。

崇文实验学校早在建校之初,就提出了构建"开放多元"的评价,到今天已经走过了将近20个年头。在这近20年来,崇文实验学校始终没有停止评价改革的脚步。从最初的以等级评价替代纸笔测试,通过兴趣态度与学科等级作为评价的两个项目,力图改变一考定"终身"的方式。2006年后,崇文实验学校又开始了学科分项检测与评价的改革,以学习兴趣、态度、习惯为非智力因素的评价内容,以学科目标或领域作为分项评价内容,期末结束时,通常以多页的《学生素质报告单》进行呈现。近年来,在原来评价改革的基础上,崇文实验学校进行了新的探索,实行学生发展多元评价,通过细化分项内容,填补缺失项目,用一份涵盖三大领域、八个模块、一百多个分项目的《学生发展评估报告》替代原有的《学生素质报告单》,以凸显评价的引领功能和价值取向,让评价始终走在学生发展的前面,促进学生的全面发展。

　　崇文实验学校的评价改革实践告诉我们，办好一所学校，推进一项改革，不仅要有先进的教育理念，要有科学的设计，更要有坚实的实践行动。通过不断地思考—行动—再思考—再行动，最终实现立德树人的根本任务。

　　当前，我国正面临着建设中国特色社会主义教育强国的历史重任，在这关键时刻，崇文实验学校对评价改革的探索，无疑为广大中小学进行课程建设提供了很好的参照和借鉴，也为广大教育工作者提供了研究中小学评价改革的实践案例和样本。这些年来，因着课题研究的关系，我与崇文实验学校的领导、老师多有交往，深知他们在评价改革的过程中所付出的艰辛努力，承蒙学校领导热情相邀作序，使我有幸得以先睹全书，祝愿崇文实验学校的评价改革取得更为丰硕的成果。

　　是为序。

施光明

2020年初夏于杭城

目 录
CONTENTS

第一章　崇文多元评价概述

立德树人:国家意志由成才的教育走向成人的教育。2014年3月30日,教育部以教基二〔2014〕4号印发《关于全面深化课程改革落实立德树人根本任务的意见》(以下简称《意见》)。文中明确提出:"要根据学生的成长规律和社会对人才的需求,把对学生德智体美全面发展总体要求和社会主义核心价值观的有关内容具体化、细化,深入回答'培养什么人、怎样培养人'的问题。"《意见》中还提出:"加强考试招生和评价的育人导向。各地要组织实施中小学教育质量综合评价改革,鼓励学校积极探索,完善科学多元的评价指标体系,引导树立科学的教育质量观。"习近平总书记在2019全国教育大会上指出"培养什么人是教育的首要问题"。强调了"要在加强品德修养上下功夫"等八个要点。德先才后,以德立人,评价应走向更为全面,更为综合,充分说明了教育逐渐由成才转向成人的基本走向。

体系建构,学校课程由控制式理念走向自主式理念。课程改革不断深入推进,传统的控制式学校课程理念逐步向自主式理念转变。学校控制下的教育教学和学生发展评判需要得到应有的发展,必须将评价的功能逐步由单一的判别向激励、引领上拓展。评价的改革促使了组织形式、学习内容、学习方式、制度建设及教育资源整合等教育要素的全新定位,这一系列的转变与改善,必将有一套较为完善而系统的制度建设,评价机制的构建无疑是其中最为重要的组成部分。

学生发展,学习意愿由简单的评判走向实现的觉醒。传统的评价重在评判与定位,这在很大程度上影响了评价带来的正向功能。长期以来,学校教育教学和学生发展评价始终在这一周围循环,甚至形成了"品评旋涡"。评价远没有发挥它本来的作用,没有起到推动学生的可持续发展。让学生在凸显鼓励、引导和激励的评价机制下,自主选择发展的方向和内容,自由选用多样的学习方式,在学校为学生创设高结构发展平台的基础上,学生在适应自我认知的生态环境中自信而又从容的发展。应当创设更为良好的评价环境,让学习意愿由简单的评判走向学生自我实现的认知觉醒。

2002年,以"新班级教育"为实验品牌的崇文教育在诞生之初,就以培育一种新的学校生活为己任,围绕着"环境育人""课程育人""活动育人""仪式育人"和"生活育人"施行学校教育改革,既满足儿童天性,又为儿童的成长做出充分和必要的人生储备,让校园成为师生共同成长的乐园。"新班级教育"以学生为中心设计校园生活,以"交往、唤醒、实现"为课程理念,构建了具有"包班协同的教学、个性选择的课程、自主合作的学习、开放多元的评价、综合丰富的资源、平等民主的交往"六大特征的学校教育新生态系统,彰显了存德性、明自我、会学习、擅交往和有视野五个崇文学子特质。其核心与立足点,就是关注学生成长。

我们知道,评价会促使组织形式、学习内容、学习方式、制度建设及教育资源整合等教育要素的全新定位。"新班级教育"提出的对学生进行"多元评价"的评价,是基于加德纳的多元智能理论,其发展历程与新课程改革的推进一致。一方面,聚焦于"新班级教育"课程的改革,以立于新课改前沿的姿态,使得多元评价的发展有了时间与空间;另一方面,多元评价体系的不断发展,无疑是课程改革推进中,最为重要的组成部分,在传统的控制式学校课程下,评价是无法做到多元的,因此,无数崇文人循着激励、引领学生发展的评价方向,推进了学校的课程改革。

一、多元评价体系的构建

多元智能理论由美国哈佛大学的发展心理学家加德纳(Howard Gardner)于1983年在《智力的结构》一书中提出。多元智能理论打破了传统的将智力看作是以语言智能和数理智能为核心的整合能力的认识,认为人的智能由言语——语言智能、逻辑——数理智能、视觉——音乐智能、交流——空间智能、身体——动觉智能、节奏——人际交往智能、自知——自省智能、自然智能和存在智能9种智能构成。每个人都在不同程度上拥有上述9种基本智能,智能之间的不同组合表现出个体间的智能差异。

换言之,每个人都有自己不同的智能组合,有自己的智能强项与弱项。这一理论带给教育者的启示是:要善于挖掘学生的优势智能,使学生从弱势智能向优势智能迁移,从而促进学生的发展。基于此,我们提出了对学生的多元评价,主要体现在评价主体、评价内容、评价方式三个方面的"多元"。

(一)评价主体的多元

通常来说,教师是评价的主体,而学生是被评价者,是评价的客体。我们在教学中强调评价主体的多元,使得评价者不仅是教师,还可以是家长、同学,更重要的是不管谁来评价,都突出了被评价者在整个评价过程中的主体地位,目的是充分发挥评价的调节、激励、改进功能,更全面、准确地反映学生的发展状况,更好地促进受教育者个体的发展。

1.学生自评,加强自我认知

学生对自己的一个评价过程也就是对自己的一个反思和教育的过程,在评价过程中,通过不断反思,认识自我、调节自我、改进自我、激励自我、管理自我。在平时的操作中,让学生依据一定的标准进行自我评定,树立学生的自信心,培养学生自主管理的能力,激发学生学习的兴趣。如在平时完成作业后,请学生对作业的字迹、态度评等级,或者在一堂课后,留一分钟让学生对自己整堂课的表现进行评价,及时回顾自己的学习情况。同时根据低段学生的特点,允许学生针对不同的方面,可以是在课堂参与度、与同学的合作交流、知识的积累等方面给予自己合理的评价。这样的自我评价能使学生看到自己点点滴滴的进步,提高了学生的学习积极性,培养了自信心,同时在评价过程中也能意识到自己的不足,改进自己的行为。

2.学生互评,学会关注他人

学生互评在评价中也是十分必要的,通过同桌间、小组间甚至同学间的互相评价,能使学生更全面地看待别人,学会欣赏他人的优点,学会交流合作。学生互评使评价更趋全面,同时由于学生直接参与评价,激发了兴趣,充分体现了学生的主体地位。在平时的部分作业中,允许学生互相之间先进行评价,然后老师评价。例如在一次数学计算作业的互评中,一名二年级的学生这样写道:"计算很认真,拿到了全对,不过你的书写不太好,希望你以后字写得更好,争取书写拿'优'。"当作业发还到学生手上的时候,被评价的学生郑重其事地跑到评价者面前,向他保证下次一定会做得更好。通过这样的评价,在无形中就使学生汲取了别人的长处,看到了自己努力的方向。让学生参与评价的全程也是培养学生的人际智能与内省智能的有效途径。

3.家长评价,关注情感态度与价值观的发展

我们在日常教学中十分强调家校间的合作,提出了"我们的孩子我们共同来教育"的口号。家长和孩子之间有着特殊而亲密的关系,家长的评价对孩子的影响力也是十分重要的,所以在对学生的评价中也不能忽视家长的评价。家长关注学生的发展和变化是细微的,而且都是积极的。我们在日常工作中发现,家长总是看到自己孩子好的一面。家长因为对孩子付出了别人难以替代的劳动和爱,所以看到孩子的点滴进步都会无比欣喜,这是人之常情。而学生总是在一天天进步,一天天长大,每一天都有新的改变和提高,这是符合儿童发展规律的。

我们在教育中把这一现象有效地利用,纳入学生评价系统中去。给家长一个评价孩子的正式渠道,让家长积极正向地评价孩子,"评价即教育"。通过评价,让家长更明白如何养育孩子。我们设计了一本《家校合作交流手册》,其中就有让家长对孩子在家的一些行为习惯、学习态度、情感态度与价值观等进行评价的栏目。这种家长参与的学生评价,会更全面、更客观。如《家校合作交流手册》中的"每周一评"栏目,就是由家长主持评价的(见表1-1)。

表1-1 《家校合作交流手册》中的"每周一评"栏目表

第1周	评价内容及目标(请在周一与孩子共同确定内容)
	自己整理书包,自己穿衣服,自己整理小房间,适量看电视,不挑食,饭前便后洗手,早睡早起,做一点家务
周一	A.完全做到√　B.基本做到　C.做不到
周二	A.完全做到√　B.基本做到　C.做不到
周三	A.完全做到　B.基本做到√　C.做不到
周四	A.完全做到　B.基本做到√　C.做不到
周五	A.完全做到√　B.基本做到　C.做不到
周六	A.完全做到√　B.基本做到　C.做不到
周日	A.完全做到√　B.基本做到　C.做不到
总评	

4.教师评价,引导学生的发展方向

教师是教育活动的直接责任者,决定着教育活动的方向,为了使教育活动取得最佳效果,我们需要从多方面把握教育活动的现状,运用各种手段进行必要的评价,坚持可持续发展的观点,着眼于学生以后的发展,力求对学生的生理与心理、智力与非智力、理想与情感等多方面的发展状况做出评价,并为他们的发展指明方向。

教师的评价,带着更多教育工作者专业的眼光。根据学生的发展状况,教师通过更全面、更系统的观察和考虑,给予学生的评价,也就更具指导意义。教师的评价,涉及学生发展的各个方面:品德习惯、个性性格、学业成绩、身体发展等。教师的评价能有针对性地指出学生存在的一些问题,指明下一阶段的发展方向,并且不断地提出期望,让学生发展得更快更好。

(二)评价内容的多元

教师根据一个学期以来通过各种方式收集到的有关学生表现的资料,结合学生的平时成绩,做出学生的期末评定,这份期末评定采用定性与定量相结合的方式,以定性描述为主,辅以等级制的定量评价。较全面地反映了学生一个学期以来的各个学科的学习发展状况、学习态度、生活习惯、身体素质、知识掌握等发展状况,并指出优势和不足。

1.必修课和选修课相结合

我们的评价不仅针对学生的课业知识,也包含了学生的兴趣爱好,更关注了学生的兴趣发展状况(见表1-2)。

表1-2 一年级某同学期末素质报告单(部分)

一、学科基础知识和能力				
学科	类别	水平	态度	评语
语文	识字和写字	优秀	积极	喜欢学习汉字,有主动识字的愿望。书写端正、整洁。阅读浅近的童话故事,展开想象,获得初步的情感体验,向往美好的情境,对感兴趣的人物和事件有自己的感受和想法。在写话中乐于运用阅读和生活中学到的词语。
	阅读(认字)	优秀		
	口语交际	优秀		
	朗读、背诵	优秀		
英语	听力	优秀	积极	有较好的英语学习习惯。能流利地认读单词,能流利地朗读课文,能在实际情境中运用所学的单词、句式。
	口语	优秀		
数学	基础	优秀	积极	能熟练地口算100以内加减乘法。会用工具测量物体长度,会进行简单的单位换算。能收集和统计数据,能描述生活中一些事件发生的可能性。
	能力	优秀		
艺术	音乐	优秀	积极	音色优美,节奏感一般,有一定表现力。
	美术	优秀	积极	线条感强,富有想象,画面饱满,色彩鲜明,能用自己的方式表达。
体育	/	优秀	积极	能积极参加各项体育运动,不怕苦、不怕累。

续 表

生活			优秀	积极	乐于参与有意义的活动。亲近大自然，有好奇心，喜欢提问。能初辨是非，不说谎，做诚实的孩子。懂礼貌、行为文明。

二、选修课

课目	水平	信心	毅力	兴趣	评语
电脑	B	A	A	A	可爱的小姑娘不仅漂亮而且还很聪明，你是一个文静的女孩，平时总是沉默寡言，但是在课上老师却能发现你专注的神情，感受到你对知识的渴望。希望你能够多发言，好吗？
画画	A	A	A	A	在上课时候老师总能看见你专注的目光，感受你对艺术世界探究的渴望。老师建议你暑假多画画，多看书，记住："要想画画好，功夫在画外。"
小荷剧社	B	B	B	B	活动时认真、专心，能耐心倾听，但表演时还较胆小拘谨，音量偏小。
奖励情况	4月份校文明小海燕、文明小海燕特长生				

2.关注学生的身体发展

每个学期起初和学期结束，都对学生的身体素质做出评估。除传统的身高体重、视力状况以外，还提供该年龄段孩子的参考值(见表1-3)。

表1-3 身高体重、视力参考值表

身体素质

项别	身高(cm)	体重(kg)	视力		上课天数	病(事)天数
			左	右		
参考值	124.6	24.2			99	3
数值	120.5	23.7	5.0	4.9		

每学年的学生身体素质评价还包括以下必测项目内容(见表1-4)：

表1-4　学生身体素质评价必测项目

年级	必测项目	测试项目
小学一、二年级	身高、体重	投沙包、一分钟跳绳
小学三、四年级	身高、体重、肺活量	50米、实心球
小学五、六年级	身高、体重、肺活量	400米跑(50米×8往返跑)、实心球、一分钟跳绳

　　除以上的必测项目以外,每学期还有臂力、关节灵活性等选测项目。对学生的身体机能、运动情况都有详细的评估。这样的评价,是真正地关注学生的身体健康。

　　从实践结果看,对学生身体素质的全面评价,在一定意义上促进了学校体育活动的开展。在转变学生家长的生活观念上,也起到了积极的推动作用。

　　3.非智力因素与智力因素并重

　　我们所有的学生评价,几乎都包含了智力因素和非智力因素,除了学生的学习成绩、学业内容外,还包括了学习的愿望和热情、与他人的交流与合作、独立自主和自信心、学习习惯和学习方法等。多元的内容让评价更为丰富和具体。

　　(三)评价方式的多元

　　以往我们将评价等同于一次书面测试,形式主要是纸笔测验,忽视平时成绩和非学业内容,忽视对实践和探究能力的考察;考试结果的反馈不注重保护学生的自尊心,有时挫伤了学生的学习积极性。这样的评价不利于发现学生的进步与不足并帮助学生进行改进,不利于学生的全面发展,所以要强调评价方法的多元化,用多元化的评价方法去评价学生的不同方面,用不同的评价方法去评价不同的学生,使每个学生都能得到积极主动的发展。

　　1.灵活多样的学业情况反馈

　　我们不依赖于一次的考试成绩,而是把评价的时间缩短到每节课、每一天、每个月的学习情况,并用数据统计的手段进行客观呈现,使对学生的评价更具有持续性和对比性。同时,我们也加入描述性的定性分析,弥补了数据的不足,也使评价更加生动和丰富。

　　关注学生平时的学习状况,这是发展性评价所倡导的。为了避免"一考定终身"现象,我们更重视平时的学习状况反馈。这样的评价,更科学,也更受学生和家长的欢迎。

　　下面这份学生平时语文作业反馈,注重的是平时的学习情况(见表1-5)。

表1-5　学生平时语文作业反馈

3月12日	学生学习、作业反馈　　　　　　　　　学生_____
一	回家作业情况: 《写字本》儿歌19课全对的小朋友有: 10、13、15、5、12、4、14、22、2、17、20、7、18、16、8、3、21
二	课堂作业:《练一练、评一评》儿歌19课全对的小朋友有: 16、13、22、5、2、14、10、7、18、
三	课堂发言记录: 18、13、15、22、14、7、19、4、16、11、2、12、17、15、11、13、14、1、18、15、16、13、2、19、7、6、3、10、16、2、4、12、14、16、13、18、15、13、19、11、20、7、12、2、22、6、18、15、6、13、12、15、19、4、18、22、18、19、13、17、13、11、2、7、15、11、17、21
四	课堂能够做到认真倾听的有: 2、3、7、8、10、11、12、13、14、15、16、17、18、19、20、21、22、
五	自我评价(　　　　　　　　　)(用"★"表示,★——★★★★★)

　　而这一份《多位数乘法》学完后的《阶段学习反馈表》数学阶段学习反馈,关注的是学生对一个单元内容的掌握状况(见表1-6)。

表1-6　数学《阶段学习反馈表》

学习项目		优秀标准	达标标准	你的成绩
计算	口算(5分钟)	对65题	对50题	优(对74题)
	笔算(19题)	全对	对17题	达标(18题)
综合练习(16点)		对15点	对14点	优(全对)

学习项目	优秀标准	达标标准	你的成绩
老师的话:还记得你说这个阶段的学习要争取得全优,但是一个小小的错误使你和全优失之交臂。老师要告诉你的是:千里之堤会毁于蚁穴。虽然只是一个粗心的小毛病,但你也不能掉以轻心。同时希望你对自己的要求更严格些,上课更认真,下一次你一定会实现自己的愿望。			
自己的话:我对我这一阶段的学习不太满意,我一定会改掉粗心这个毛病,不会让朱老师失望的。另外,我会上课更认真,不说话也不做小动作,而且要多举手发言。			
家长的话:爸爸妈妈都相信你会通过自己的努力达到目标。			

2.免试与考试同行

免试这种方式是为了引导学生重视平时的学习积累,养成良好的学习习惯,同时激发学生的学习热情,并给优秀学生一个竞争和发展的平台。免试生申报原则主要有:

①公开性:在复习期间向全班同学做一宣传。

②公平性:由学生自愿申报,学生民主评议,免试生在某一学科的优秀能得到大家的公认。

③科学性:学科老师结合该学生平时的学习表现(如几次练习卷的综合学习能力,在一月一赛中的突出表现,在复习期间几次练习的成绩累计等),进行量化评定,择优推荐。

免试意味着无须考试,在成绩册上成绩评定为优秀,且注明"免试"。学科主要是期终的考试学科,各班每一学科的免试名额控制在10%以内。操作流程如图1-1所示:

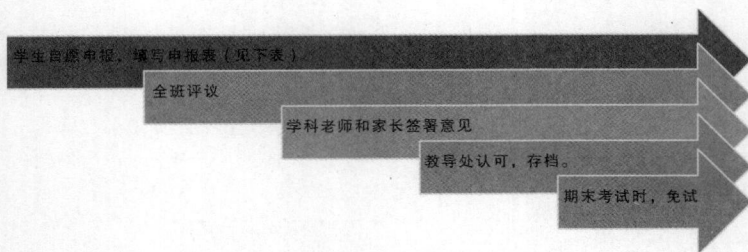

学生自愿申报,填写申报表(见下表)

全班评议

学科老师和家长签署意见

教导处认可,存档。

期末考试时,免试

图1-1　免试流程图

表1-7 崇文2009学年第一学期( )年级( )学科免试申请表

班级		姓 名		性 别	
申请免试学科		任课老师			
申请免试理由（学生填写）					
同学评价					
学科老师意见					
家长意见					
教导处意见					

3.为每一个学生建立成长档案袋

档案袋是一份有代表性的材料。建筑师、画家、雕塑家以及学艺术的学生早已习惯运用档案袋来展示他们佳作中的样本。在商业界,档案袋通常是业绩评价中常用的工具。

我们为每个学生设立了一个专门的档案袋,这个档案袋是学生成长的真实记录,我们称它为"学生成长档案袋"。这个档案袋里存放着最能反映学生入学以来发展水平及变化的材料,如美术作品、写字作业、小制作、日记、获奖证书、登台表演的照片、选修课成绩单、课堂表现记录、印象最深的学习和活动记录等等。这些材料定期加以更新添加,使每一位学生都能感受到自己的成长与进步,不仅有利于培养学生的自信心,也为教师全面了解学生的状况,实施因材施教提供重要依据。档案袋中的材料由学生与老师共同确定整理,整理的过程也是学生对自己进行评价的过程。

如:某同学的档案袋(第一学年)(见表1-8)

表1-8 某同学的档案袋(第一学年)

×××第一学年成长档案袋目录
1.已经填写完的家校联系册

2. 不同阶段美术作品共 10 张

3. 获奖证书复印件 3 张

4. 手工作品

5. 语文阶段测试成绩单两张

6. 数学口算成绩 8 张

7. 期末成绩单 1 张

8. 家访调查记录

9. 课堂观察日记 1 篇

10. 日记精选 4 篇

11. 优秀语文课堂作业(包括写字、听写)3 篇

12. 自己挑选的一些他利用课外时间参加各种活动时拍摄的相片

13. 节日期间自己制作的贺卡

　　学生成长档案袋的内容很丰富,但是它不是杂乱的。它是有组织的、可选择的、有代表性的和能提高洞察力的。

　　档案袋的组织性体现在:因为档案袋的整理、存放是教师和学生一起完成的,因此,它是有组织地开展一项工作,内容体现了一定的组织序列。

　　档案袋内的物品具有选择性。根据不同的学生特点会有不同的选择倾向。有的学生喜欢选择最佳作品,有的学生选择放入对比明显的作品。但不管怎样,都能很好地记录学生的成长足迹。

　　档案袋的内容都是有代表性的作品。档案袋的记录,是一种情景式的记录。记录在特殊的环境中、特定的活动中学生的表现。这些作品都是学生成长过程中某个阶段、某个方面的体现。

　　透过这些作品,老师和家长可以分析洞察学生的成长发展情况,而学生自己可以反思评估自己的学习行为。档案袋评价的洞察性特征说明了它是一种很好的发展性评价。

4.情境化测试

长期以来,传统的纸笔测试是评价学生的最主要工具,这种类型的考试主要考查的是学生的语言能力和逻辑推理能力,应试能力的强弱直接影响了学生的测试成绩,难以考查到学生其他方面的能力,特别是动手能力、合作交往能力以及综合运用各种所学知识的能力等,具有一定的局限性。在提倡素质教育的时代,在提倡和谐、全面发展的大背景下,单纯依靠纸笔测试是难以对学生进行全面评价的。我们能否设计一种轻松的、开放的、任务式的考试让学生尽其所能,发挥出自己的最高水平,同时它的答案又是多维度的和开放性的,每个人都可以拥有属于自己的考试,让考试变得轻松一些、快乐一些,这些问题都是我们一直在思考和尝试解决的。

情境化测试具有以下三个特点:一是情境性,学生在测试中一直处于一种问题解决的情境中;二是可选择性,学生可以主动选择自己感兴趣的或有特长的项目进行测试;三是开放性,没有固定统一的标准答案,教师将学生的表现用描述性的语言记录下来,这种文字记录及对它的分析作为评价学生的依据。比如传统的一个情境化测试内容就是:一年级的学生到超市购物,并把所购买的其中一件物品当作礼物送给他人,老师对整个过程进行全程观察记录,评估学生在超市中购物时的表现,如,是否会算价钱、是否在购物结束时索要找零和小票、是否懂得排队等。另外,学生心中是否想着他人也可以在这个测试中得到体现。通过这种测试,学生在人际交往、问题解决、行为规范等方面的发展状况都可以得到很好体现,同时也为教师的后续教育活动提供了依据。

5.综合能力测评

综合能力测评是指将学生的知识技能检测内容综合地设计到某一个主题任务中,其中包括语文、数学、科学、美术、音乐、品德等学科的知识技能,学生需要通过对各类知识与生活实际紧密联系并综合地加以运用去解决一个或几个问题,在这一过程中检测学生的知识水平和技能水平。这种测试能够比较综合地反映出学生的学习成果和发展水平。在评价中涉及兴趣、态度、过程和能力等多方面的因素。我们认为跨学科的综合能力测查能将学校的学习内容与社会的需求相结合,同时可以调动学生多方面的能力协同合作,表明学生综合运用所学知识和解决问题的能力发展的状况。以下是2006学年针对三年级学生进行的一份综合能力测评卷。

我来设计校园广告

亲爱的同学们：

现代化的崇文校园是我们学习、生活、交往的乐园,崇文校园的设计理念已经深入人心。或许,我们越了解和喜欢崇文,越是希望它完美。请你仔细观察校园平面图,用你的慧心细细体会,用你的慧笔设计几处"温馨提醒"。有了你的提醒,同学们的活动会更安全;有了你的建议,同学们的学习活动会更便捷。相信你设计的校园广告,会为美丽的校园锦上添花。

Let's do it.

前期准备：

1.校园平面图一份；

2.自备水彩笔、尺、铅笔等工具。

操作提示：

1.实地考察校园20分钟,结合校园平面图,在你认为需要竖立"校园广告牌"的地方标上自然数序号,要求有8处以上；

2.根据序号,设计相应的校园广告,聪明的你一定能设计得语言简洁、充满新意和童趣。再请你简要说明设计理由；

3.请选择你设计最满意的两处,绘制两块图文并茂的校园广告牌。至于它的形状和色彩,得和校园环境相融合,动动手,试一试。

面对这一份测评卷,学生将运用已学的学科知识,通过各种努力和尝试,调动自己实际解决问题的能力,用一个下午的时间去完成。学生可以一个人独立完成,也可以选择同伴组成一个小组完成。甚至,可以跨年级选择内容参加测试,或选择不参加。在全校学生进行"综合能力测评"的时候,学校各部门、各位教师均在办公室待命,接受学生的咨询。因为一个人在解决问题的时候,"求助"与"咨询"是很重要很实用的能力。这样的能力是需要在人的成长过程中通过实践和体悟习得的。学校所有的学习资源都向学生开放,供学生解决问题、查找资料所用。图书馆、阅览室、电子阅览区、实验室、音体美等各专用场馆、教室均开放,提供给学生可以利用的一切学习资源。

这样的测评能很好地看出学生解决问题、运用资源、筛选信息、交往合作等各项能力,同时,选择综合能力测试的学生也都经历了一次提高与运用综合能力的现场培训。

6.观察、记录情境表现

情境化测试和综合能力测评是教师有意创设的,难免会有一定的模拟性和特殊性,会异于纯自然的情境表现。在日常的学习活动中,学生的表现最真实,教师如能给每一位学生做好日常记录,那样的记录对于评价学生最准确,由此而得到的评价对促进学生发展最有价值。

由于"新班级教育"采用两名教师协同包班的形式进行教学,教师的办公桌就在教室里。这就为教师观察、记录学生言行提供了便利。一名教师在授课的时候,另一名教师就可以观察学生的行为表现,及时地记录下来。在"新班级教育"的班级里,每个班都有一本活页的《学生行为表现记录本》,每个学生都留有几张活页,专门用来记录学生的表现,对学生进行及时的评价。

通过这样一些点滴的记录能更全面地反映一名学生的真实情况,便于教师更好地开展针对性的教育。关注学生的情境表现,也要注意情境观察应注重开放性,给予学生更大的空间,如档案袋中收集的可以是学生各个方面的成就。各种情境关注不只是在期末进行"集中关怀",更多的关注要在日常教学过程中实施,观察法强调的就是平时学习情况的真实记录。关注学生的个体差异,淡化横向比较,注重学生个人的成长和进步。

二、崇文多元评价发展基本历程

尽管早在2002年建校之初,崇文就以"开放多元的评价"作为理念特征之一,但是发展性的学生评价制度的建立需要一个长期的艰苦过程。一方面新课程改革处于推进阶段,与之相适应的评价体系尚不可能一蹴而就;另一方面旧的评价制度及其思想的改造需要一个过程。

比如,在多个评价主体对学生进行评价的体系构建过程中,如何把这种多主体的评价系统化、制度化,逐步把零碎的、自发的评价纳入系统评价中去,学生的自主评价要使学生在评价过程中认识到自己的成长和有待改进的地方,如何在日常教学中落实,促使学生自己的持续发展,如何让各个评价主体间加强交流与反馈,对各种评价进行整理和分析,整合各方评价,让评价发挥更大的作用。

(一)多元评价主体在发展中寻找到适切的站位

多元评价在发展过程中的不断更新,实际上体现了学校在课改深入推进过程中深层次观念的改变带来的变化。

就评价主体而言,随着课程改革的不断推进,教师在培训与实践的循环中,不断获得评价能力提升,评价观念更新;学生在多样课程中,不断体验经历各种互评的平台历练,极大地促进了学生明自我、会学习、擅交往、有视野的特质形成;而家长在崇文多元评价系统建设历程中的角色变化,更是非常典型地反映了评价改革的深入(见下图)。

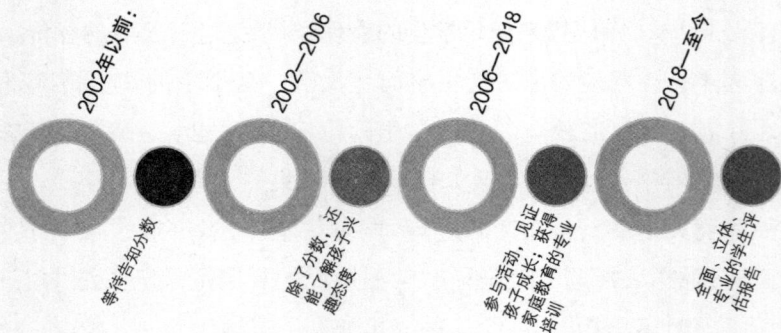

2002年以前: 2002—2006   2006—2018   2018—至今

等待告知分数   除了分数,还能了解孩子兴趣志愿   参与活动,见证孩子成长;获得专业家庭教育培训   全面、立体、专业的学生评估报告

图1-2 崇文多元评价发展历程图

2002年以前,主要以分科评价为主,以纸笔测试方式一考定"终身",以一科一分数作为主要的呈现方式,通常以一张16K的纸样制作成单页《学生成绩报告单》,其主要的功能仅在于简单告知,让家长知晓每科目期末考试的最终

分数,家长仅仅作为"查收者",没有"话语权"。

从2002年至2006年的四年时间里,崇文教育学生期末发展评价进入了等级评价阶段,每科目双等级呈现,以"兴趣态度"与"学科等级"作为评价的两个项目,主要将测试成绩转换为等级成绩,以阶段反馈来做出兴趣与态度的等级评价,通常以16K纸样制作成双页《学生成绩报告单》,其主要的功能还是仅停留在告知,让家长知晓每科目的考试和兴趣态度的等级。每个期末家长作为"查收者",会有学生一学期一次的"家长寄语"栏目,供家长书写意见。平时,《家校联系册》亦给予了家长表达的空间。

自2006年始,崇文教育学生发展评价研究进入一个漫长的理性思考与实践探索期,随后逐步走向学科分项检测与评价阶段,每科目尽可能多分项评价呈现,以学习兴趣、态度、习惯为非智力因素的评价内容,以学科的目标或领域作为分项评价内容,如语文学科的"识字""阅读理解"和"作文"等分项内容,每学科有2~4个分项评价。日常主要以观察记录、访谈、阶段反馈、活动测试、纸笔测试等多样的方式进行评价。期末结束后,通常以16K纸样制作成多页《学生素质报告单》,其主要功能逐渐由简单的告知转向比较详细的说明,并结合各科的评语对学生进行描述性评价,家长对日常每个阶段孩子的情况都会知悉,并通过学校一对一家长会、家长沙龙、家长学校等家庭教育相关的专业指导,使得家校合作、促进孩子成长作为常态。不足之处在于各个阶段的评价缺乏系统性,各学科各自为政,各种活动课程都有一本评价手册,导致家长获得的评价信息不够系统,孩子究竟怎样才能更好地成长,指引不够明晰。

2018至今,以学生发展本位为出发点与归宿。2018年秋始,崇文教育学生发展评价研究与实践进入3.0时代。最典型的事件是崇文集团总校长俞国娣倡议的"崇文家长不签名"。因为崇文通过各种方式,让家长参与到孩子学校生活与成长的方方面面,"签名"既不能成为崇文家长关注孩子的显性标志,也对崇文倡导的家校合作理念——"我们的孩子我们共同来教育"的发展方向毫无裨益。显然,崇文对家长这一多元评价的主体之一,究竟需要在孩子成长中发挥怎样的作用,有着十分理性清晰的思考与定位。"3.0评价"通过"浅看当下望将来"的评价立意,全面系统立体地进行学生发展多元评价实践变革,细化分项内容,填补缺失项目,对前一阶段多元评价的探索和实践,进行梳理与系统化构建。家长拿到的是一份涵盖三大方面、八个模块、114分项目的《学生发展评估报告》替代原有的《学生素质报告单》。真正意义上实现评价的诊断、鉴定、判别、定义与激励的作用,在此基础上凸显引领功能和价值取向,以期学有所评,评有所获,估有所长,建有所指,让评价始终走在学生发展的前面,保证学生发展的更多可能性。

(二)多元评价方式与内容的更新体现了课程改革中的变与不变

我们说,评价与课程改革互为因果与依托,因此,多元评价方式与评价内容,随着课程改革的推进在不断变化。而变与不变的立足点都源于更好地促进学生成长。

1.从评价方式中窥看

以多元评价方式中的综合能力测评为例,其测评卷的设计变化,可管中窥豹。综合能力测评意在评估学生的综合素养,从2006年开始,我们就有了这样的测评。以下是一份2014年的测评卷(见表1-9)。

杭州市崇文实验学校2014学年第一学期

表1-9 四年级综合能力测试卷(测试时间:120分钟)制作"节水强手棋"

班级		组名	
组长		组员	

组内分工(其他分工请写在下面空格中)

创意设计		文字书写	
数学计算		美术绘画	
手工剪贴		其 他	

21世纪水资源问题引人关注。水资源的数量和质量影响着全球70亿人的健康和生活。同时,全球八分之一的人口,大多数为儿童,无法获得足够、健康

的水源。因此,关注生命,关注水资源是全球性的大问题。

作为21世纪的少先队员,我们可以为此做些什么呢?首先自己行动:从日常点滴做起,爱惜水源,节约用水,合理用水,还地球之水一份洁净和健康。今天我们就要和同伴一起合作,完成一副"节水强手棋"的制作,制作完成之后,我们还要找不同的伙伴,一起来走一走这副"节水强手棋"。

快行动起来吧! 看看哪个小组制作的"节水强手棋"最受欢迎哦!

材料准备:

彩色笔、尺、剪刀、胶水(双面胶)、彩色纸(卡纸和A4纸均可)。

制作要求:

一、每副"节水强手棋"都应注明棋名、设计者、游戏规则、棋盘等内容,当然富有创意的你或许还会设计"机会卡""代金券"等更有意思的项目。

二、每副"节水强手棋"不少于20步,每一步的内容都不能相同。整副棋都要求围绕"水资源"这一主题进行设计,内容可以包括五水共治、水利工程、南水北调、生活节水等,每一步既可以是奖励,也可以是惩罚。

三、后附的水资源资料,可以帮助你了解和"水"相关的许多知识,请你仔细阅读,并寻找至少5处画下来,作为设计强手棋的依据。(注:请用方形外框)

四、在生活中,时时刻刻离不开用水,刷牙、洗脸、冲厕所、拖地⋯⋯没有水,我们的生活寸步难行。请你通过计算,了解生活节水的重要性,并设计2个相关步骤。(注:请用六边形外框)(见表1-10)

表1-10　"节水强手棋"评价分表1

	刷牙(3分钟)
不环保行为	不间断放水,30秒,用水约6000毫升。
环保行为	口杯接水,3口杯,用水600毫升。
节水小问题	三口之家每人每日两次,每月可节水多少毫升?
列式计算节水量	
相应的步骤设计	
我们还设计了这一步骤	

五、我们设计了两条家庭节水标语,并把这两条标语设计到棋盘内容中去。(注:请用椭圆形外框)

表1-11 "节水强手棋"评价分表2

序号	节水标语内容	我们的棋盘步骤设计
1		
2		

六、完成之后,小组内的同学一起玩一玩这副棋。

1.我们对自己设计的"节水强手棋"提出的改进意见是:

_____

_____

2.我还邀请了_____(至少3人)一起玩了游戏,并请他们评价:

版面设计制作☆☆☆   节水宣传内容☆☆☆   有趣程度☆☆☆

与前面第10页的2006年综合测评卷相比,2014年卷除了仍旧关注学生的问题解决能力、资源运用与筛选能力等综合素养外,还有以下测查点。

合作能力在测评中的考查更注重落实与显性。缺少合作精神、合作技巧,测评将无法进行下去。合作分工意味着在有限的时间内完成任务成为可能,但老师们也在测评过程中观察到,平时我们极其重视的,基于学科的一些合作,也许是"假合作",有些学生这方面的能力并没有我们想象中的强。

注重设计思维培养。表现在注重反思与改进,在完成任务后,请学生自我反思,请"玩家"提意见,在三个方面请学生知道任务改进的重点,同时这也是设计的重点之一。

评价成为任务完成和反思工具的一部分。

显然,这样的测评点,反映了课程改革推进过程中,我们对学生综合素养的培养,坚持的部分和变化的部分。

2.从评价内容中窥看

课程探索的一种形式是拓展领域，因为有了不同于传统课堂的内容，需要进行评价的探索，因此，从不同内容对学生进行评价和课程改革的推进无法割裂。

基于音乐的综合艺术活动提出了以"感受、经历"为指向的学习形式及有关的学习内容，它是一种关注学生个体特征的学习方式。基于音乐的综合艺术活动，它更强调内在的感性形式，表现出一定的情境性和情感性，所以对它的把握不能靠学习客观知识所采用的一系列认知模式（如分析、对比、归纳、记忆、练习），体验、描述和理解才是最好的学习方式。因为学生对美的感受和体验是以整体的方式在情感上的共鸣，它吸收了启发式"启迪思维，重在引导"的思想，也吸取了发现式的"做中发现"和尝试式中"试一试"的体验精神，为学生在综合性艺术活动中进行情感体验和共鸣创造条件，为其自由地表达情感和想象创造条件——"不破坏便是保护"。

"音乐与游戏"主题活动教学片段：

1.孩子们与朋友一起自由散步，每走一步拍一下手。

2.孩子们用统一步调走，教师用鼓演奏刚才的节奏，孩子们停止拍手，但继续走，使步调与鼓声一致，当鼓声停止时，孩子们与朋友拥抱在一起。

通过研究，教师和学生都在研究实践中尝到了甜头，学生对音乐的兴趣加强，想象和创作的能力空前的提高，参与主题性综合教育活动的热情得到了充分的激发。学生开始乐于学习，乐于接受各种美好的艺术形式，积极主动地参与到音乐艺术教育之中。学生开始学会通过自己的体验来表达和创造个性化的艺术手段来表现生活与环境，并初步形成了艺术反思和评价的能力，真正进入对艺术的审美过程。基于音乐的综合艺术活动能促进人的审美发展的教育，关照学生个性价值和感性价值，关心学生的个性化和创造性，促进学生整体发展并最终达成认识和情感互补、科学与人文融合，艺术与人性发展的统一体。

第二章 崇文多元评价的理论构建

17世纪末,在普鲁士王宫里,大哲学家莱布尼茨在向王室成员和众多贵族宣传他的宇宙观时提出:"天地间没有两个彼此完全相同的东西。"听者哗然,不少人摇头不信。于是,好事者就请宫女到王宫花园中去找两片完全相同的叶子,想以此推翻这位哲学家的论断,结果大失所望,谁也没有找到这样的叶子。表面看来,树上的叶子好像完全一样,可究其细微,却是大小不等、厚薄不一、色调有别、形态各异。造成差异的原因,是它们所含的本质东西不同。

一、崇文多元评价的理念立意

(一)评价核心理念:在找寻中成就自己

"凡物莫不相异",其实何止是树叶,世界上的一切东西都不是绝对相同的,何况是活生生的人。每一个孩子都是不同的个体,不同的孩子当然就不能用相同的方式作评价,多元评价才能更好地促进孩子的发展,因为评价明了自我,从而成就最好的自己。我们所主张的多元评价倡导多元的评价主体、多元的评价内容和多元的评价方法。

多元的评价主体指的是:一是学生自评,加强自我认知;学生互评,学会关注他人、欣赏他人。二是家长评价,关注态度情感价值观。三是教师评价,指明发展方向。

多元的评价内容。一是身心健康:即学生的生存基础、身体素质和社会情感;二是德行修养:即传统美德和公共素养;三是知能学力,即指课程学业。评价中以学生的课程学习与身心素质相结合、以阶段学习与期末评定相结合、智力因素与非智力因素相结合,全方位综合性地全面评价学生。

多元的评价方法:日常观察记录、档案袋评价的方式可以真实地记录反映孩子的成长轨迹;情境化测试、综合能力测试等可以在任务驱动问题解决的过程完成对学生的整体认知、能力、性情与道德的立体式评价,等等。评价方法的多样性事实上并非我们教育者主观作为,而是由具有个性特点的孩子个体的学习与成长的需要而决定的。

老子《道德经》中所云:"有无相生,难易相成,长短相形,高下相倾,音声相和,前后相随。"区区24字,却意蕴非凡。学生作为一个独立的个体,必然有其可取可用之处,每一个人都可以做最好的自己,并且在社会中各尽其才,相依相符,这才是自然的规律与不变的法则。教育其实也是如此,不能扭曲了个体的本来面貌。

(二)评价立意注释

浅看当下望将来,着眼未来可能更好的你。让一般的人变得优秀,让优秀的人变得卓越,让不行变可行,才是评价的至高境界。让学生经历丰富的体验,尝试不同的实践,在交往与找寻中发现自己、认知自己并成就自己。

1.由平面到立体:三大方面,八个模块,百余项目

传统评价更多的是侧重于学业成绩的评价,崇文多元评价构建了三维评价内容,涵盖身心、道德与学力状态,使评价更为全面立体,着眼人的整体发展。

2.由笼统到具体:能够精确地看见优势与不足

在等级评价盛行的今天,虽在分数评价的基础上有所改进,但倾向综合的等级评价呈现给学生与家长的仍然是笼统甚至是模糊的概念,在个体发展趋势上难以给出明确的定位与数值表达,包括具体的意见与建议。分项评价则更为细化评价的项目,清晰地指出了学生存在的优势与不足,或者呈现了过程性数据,表达更为清晰、具体与精准。

3.由评判到引领:可以清楚地知道前进的方向

以往的评价只注重评判、分级与定义的基础功能,所以更倾向于终极性评价。崇文的多元评价则是在评判的基础上更为注重评价的引领功能。在原来

评价内容的基础上进行深度思考,重构评价的核心内容,使学生、教师与家长在评价新框架下产生理性思考与价值认同,按照新评价模式进行学习生活与学校运转的方式变革,优化学生的发展。

4.由静态到动态:凸显过程性呈现与指导

传统的评价一般都是以静态方式进行的,评价的是现在的你是什么状态与结果。而多元评价则是倡导过程性的动态评价,由"你是什么"转向"你能怎么"。尤其是在公民德行方面,我们更注重履历式评价与典型事件评价,并在各方面中实施图表式评价,给出动态过程与发展趋势,让被评价者既能明确静态的评定又能清晰动态的评估。

崇文多元评价提出"孵育式评价":意指被评价人原本没有某种行为意愿,在教师有意识有计划的引导下,学生付诸了相应行动,并养成了一种好习惯或改善提升了某种能力,培育了既好又新的素养,从而完成设定任务,实现了既定目标,又称引流式评价或诱导式评价。如"每周一善举"班级主题活动的开展,通过持之以恒的实践,学生逐渐形成关爱乐助的意识,养成了助力他人、与人为善的习惯,为学生的人格塑造与生命成长打下了积极丰厚的人生底色。

5.由可比到可能:更为关注自身的进步与发展

因为分数评价和低结构的等级评价特点所致,传统评价更便于同伴之间的比较甚至实行班级或者年级的排名,大家所关注的往往是横向的充满不良竞争的"他较"。而崇文的多元评价因为评价分点布局,细化了评价的内容、创新了评价与呈现的方式,使得评估结果不易与他人进行比较,引导评价媒介使用者更好地进行自我审视与反思,进行深入地"我较"状态,纵向得出学生个体的成长增量与步伐,更有利于发挥评价的激励与指导功能,促使因评价导致的注重比拼到注重学生个体发展多样可能性的转变。

二、崇文多元评价的目标定位

(一)评价让人更优秀:成为有意义的价值引领

对于实施"新班级教育"的崇文教育而言,评价不能仅仅只停留于评定、鉴定和定义的功能与价值,崇文教育的多元评价应该立意更高,应当逐步迈向实现评价的激励功能、指导功能与引领功能。通过评价内容的重构、评价方式的变革和评价媒介的创新,让普通变得优秀,让优秀变得卓越,让不行变可行,这才是崇文教育该有的格局,也是所有学生发展评价应该追求的终极目标。

(二)评价让人更全面:成为学生成长的多位考量

应当从学的评价走向人的评价,让评价更为全面与完整。学校教育不仅仅要关注学生的学,更应注重学生的人格发展,将育人摆在首要位置,所以应当由学的评价走向人的评价,多维立体地进行全方位评价与指导。只有全面的评价,才能使学生的发展走向健康、协调和可持续。

(三)评价让人更从容:成为清晰的成长指导

"没有比较就没有伤害"是对人性与现实的无力抗议,评价不应该成为学生、家长与老师急功近利、焦虑无助的动力源头,成为体制弊端的"替罪羊",这是对评价最大的误伤。评价应当让所有参与者看到来自努力的希望,感受发自内心的关爱,体验生命成长的从容。因为有动力而积蓄持久的力量,因为明自我而清晰我想做什么,因为有指引而有了前进的方向,因为有了多元的评价可以让我们有更为科学与完善的人生发展规划,评价应提供给参与者以能量、温度与一份从容。

三、崇文多元评价的模式原则

(一)双轨模式

目前具有代表性的评价模式理论有两种:一种是泰勒模式,它以目标为中心和依据进行教育评价;另一种是1966年斯塔弗尔比姆首创的CIPP评价模式,由背景(context)评价、输入(input)评价、过程(process)评价和成果(product)评价这四种评价组成的一种综合评价模式。需要指出的是,新班级教育学生评价目标并非评价的指标。它是一种描述性的、指向性的、非静态可测的预期目标。从这一意义上说,我们更倾向于、更多地运用了关注到学生个体成长并使之更有增量的CIPP评价模式,由学生的学习成长过程结合预期目标形成具有个性特点的评价方式,将以目标为中心和依据的评价模式与CIPP评价模式相互结合,形成综合力。崇文多元评价的设计是基于分项细目评价与基于任务实践评价的有机融合,根据学生发展需要以达成手段与目标上的平衡。

(二)四大原则

1.全面评价

全面评价是学生发展评价的重要原则,是指对评价对象有一个完整的认识、判断与鉴定。评价是否全面对于学生的发展而言相当重要,尤其是对未成年的学生来说,片面的、孤立的评价都会给孩子带来十分重要的影响,严重的甚至会错误地引导孩子认知自我,从而偏离发展的方向,使孩子个体成长的路径显得十分尴尬与坎坷。所以,学生评价务必是全面的和完整的,在学生成长过程中的各个方面都需要有评价。

时间上,时时有引领,学生在校的每一个时间段,教师的陪伴让全程评价成为可能,教师与同伴都会给出相应的评价;空间上,处处有评价,任何学生所处的学习环境与物理空间都存在着评价;人人有评价,是小班环境中的必要评价原则;面面有评价,有学则评,有行有评,让评价伴随着孩子一路成长。

2.分类评价

“新班级教育”多元评价的原则与特色之二则是分类评价,让评价更具有科学性、针对性与人文性。众所周知,用一种评价的方式去解决所有课程或者所有学习活动的评价,是极为不科学而且是不负责任的。只有依据不同课程类型、不同学习活动内容、不同学习方式、不同学习对象、不同学习环境来设计出适合的评价方式,才有可能让评价真正发挥其多重功能,才能切实地为学生的成长提供支持与保障。多元评价采取了分类评价的原则,不同课程类型的学习有不同的评价方式与途径,不同的学习活动有不同的评价方式,不同的年龄段、不同的对象有不同的评价手段,不同的学习环境和基础有量身定制的评价标准。

分课程评价、成长要素评价,分时间与空间的评价,分类评价让评价更具科学性,可以根据类别的不同进行“私人定制”式的评价方式设计,这样的设计无疑就更有针对性与人文色彩。分类评价改变了以往评价方式的单一性、一刀切的现状,让评价真正走进学生的学习与生活,更贴近学生的成长。

3. 多维评价

首先，传统评价手段与方式存在着严重的弊端，过于注重知识技能，指向的是甄别与选拔，忽视了人个体的生命属性，以至于造成了学习成长与评价评估极为不协调的关系，影响了人的最优发展。就因为人的特殊性，所以评价也必将是特殊的，应该是更为多维地去评价一个学生。评价内容应该更为丰富，评价的主体应更为多样，评价的方式应更为灵活，评价的标准应更为合理，尤其是对人的评价的个性化，是当今教育评价发展的一个讨论热点。

其次，在评价的类型上，应该形式多样，相互补充，呈现出多维的评价类型，以满足学生发展的需要。如依据评价标准，将相对评价、绝对评价和个体内差异评价相结合，常模参照评价与标准参照评价相结合；依据评价的功能，将诊断性评价、形成性评价和终结性评价相结合；依据评价对象的范畴，将整体评价和单项评价相结合，群体评价和个体评价相结合；依据评价主体的身份，将自我评价与他人评价相结合；依据是否采用数学方法，将量化评价与非量化评价相结合等。多维的评价，让学生个性得到充分张扬，让学生在多维的评价体系中得以寻觅自己、认识自己，最终激励自己获得更好的成长。

4. 隐秘评价

隐秘评价指的是教师根据学生年龄特点、心理状况以及个性趋向进行必要的权衡，为保护学生个体的自尊心与学习动力而采取的对某些评价结果进行私人单向交互的一种评价方式。保护学生的人格尊严，让学生始终置身安全的生活环境中，并在原来基础上得到最充分的正向发展。

隐私在发达国家被放在非常重要的位置，隐私与人的发展之间也存在着紧密的关系。尊重并适当保护隐私有利于人的自由发展，有利于学生人际关系的相对稳定性和安全性，不仅维护学生个人的安宁和安全感，也实现了学生个人与班级群体的基本和谐，从而保障学生有更多的精力去专注学习与提升。

尊重隐私是现代文明的一种生存艺术，与此同时，也意味着对他人的尊重。学生哪些信息可以视为隐私，人们众说纷纭至今未有标准与定论。但对学生的尊重是必须具备的，设身处地地为学生着想，从学生自身的角度出发去选择合适的评价方式与呈现方式，是我们教师或者评价者必须去思考的问题。崇文"新班级教育"多元评价已经在隐秘评价以及评价结果的呈现与反馈方式上做出有益的探索实践,今后还会加强深化。

四、崇文多元评价的内容重构

评什么比怎么评更重要,评价内容是方向与指引,评价方式是手段与路径。崇文多元评价对评价内容做出了前所未有的重构,分三大方面:身心健康、德行修养与知能学力。八个模块:生存基础、身体素质、社会情感、传统美德、公共素养、学科课程、综合课程与活动课程模块,以及百余个分项评价细目:评价细目中又分成知识、能力与素养三个层次。

图2-1 崇文多元评价内容结构图

(一)身心健康:生存基础、身体素质、社会情感(见表2-1)

表2-1 身心健康评价依托

序号	范围	内容	综合	项目		等级	履历·获奖·建议
1	身心健康	生存基础		自理	生活自理		
					学习自理		
2				自救	自护自救		
3				规划	统筹意识		
4				选择	取舍主见		
5				习得	学习意识		
6				胆魄	果断自信		

续　表

序号	范围	内容	综合	项目		等级	履历·获奖·建议
7	身心健康	生存基础		感知	生存环境		
8				游泳	基本技能		
					体能训练		
9		身体素质		力量	实心球		
10				速度	50M		
11				弹跳力	立定跳		
					跳绳		
12				柔韧性	坐位体前屈		
13				毅力			
14				体育精神			
15		社会情感		悦纳			
16				交往			
17				合作			
18				自律			
19				专注			
20				倾听			
21				调适			
22				兴趣			

（二）德行修养：道德法制、传统美德、公共素养（见表2-2）

表2-2　德行修养评价依托

序号	范围	内容	综合	项目	等级	履历·获奖·建议
23	德行修养	道德法制		基本常识		
24		传统美德		向善		
25				尽孝		

续　表

序号	范围	内容	综合	项目	等级	履历·获奖·建议
26		传统美德		礼仪		
27				担当		
28		公共素养		规则		
29				诚信		
30				感恩		
31				公益		

（三）知能学力：学科课程、活动课程、综合课程（见表2-3）

表2-3　知能学习评价依托

序号	范围	内容	综合	项目	等级	履历·获奖·建议
32		语文		兴趣		
33				习惯		
34				积累与运用		
35				阅读理解		
36				写话/习作		
37				口语交际		
38				阅量		
39	知能学力			书写		
40		数学		基础运用		
41				综合能力		
42				计算		
43				空间		
44				统计		
45				应用		
46				学法品质		

续　表

序号	范围	内容	综合	项目	等级	履历·获奖·建议
47				听力		
48				阅读		
49				书写		
50		英语		口语		
51				唱演		
52				兴趣		
53				习惯		
54				基础常识		
55				实验技能		
56		科学		学科兴趣		
57				质疑习惯		
58				好奇倾向		
59		科学		探究能力		
60				充满想象		
61				兴趣		
62				习惯		
63				美基		
64				造型		
65	知能学力	美术		构图		
66				色彩		
67				创意		
68				鉴赏		
69				国画		
70				书法		
71				兴趣		
72		音乐		习惯		
73				识谱		

续　表

序号	范围	内容	综合	项目	等级	履历·获奖·建议
74				演唱		
75				演奏		
76				表演		
77				欣赏		
78				编创		
79				技术习惯		
80				系统认知		
81				软件绘画		
82		信息		软件迁移		
83				文字录入		
84				文字处理		
85				网络应用		
86				word 应用		
87				文字编排		
88				浏览器运用		
89				信息处理		
90				网络通信		
91	知能学力	信息		多媒体应用		
92				感知信息		
93				媒体制作		
94				软件应用		
95				编程能力		
96				科技感知		
97				综合应用		

续 表

序号	范围	内容	综合	项目	等级	履历·获奖·建议
98		名称		项目	等级	履历·获奖·建议
99		主题学习		参与表现		
100				成果展示		
101		走进社区		社区认知		
102				社区实践		
103		生存训练		生存技能		
104	专题研修课程			团队精神		
105		国防军事		军事认知		
106				坚毅勇敢		
107		农事体验		农事技能		
108				农耕文化		
109		经典戏剧		自我挑战		
110				想象创造		
111		创新研究室		自主学习		
112				研究水平		
113		科学家		理性精神		
114				实践能力		
115		文艺阅读		人文素养		
116				文艺基础		
117		跨文化		民族情怀		
118	专题研修课程			国际视野		
119		定制课程		课程周期		
120				学习成果		
121		选修课程1		态度习惯		
122				学习程度		
123		选修课程2		态度习惯		
124				学习程度		

第三章　崇文多元评价的分项评价

表3-1　《生存基础》分项评价方案

	内容	综合	项目	等级
1			自理	
2			自救	
3			规划	
4	生存		选择	
5	基础		习得	
6			胆魄	
7			游泳	
8			感知	
	履历·建议			

一、自理

（一）评价标准

对"自理"的评价主要从两方面进行：生活自理和学习自理。

【生活自理】

1.能独立穿衣服、系鞋带。

2.能独立洗漱、洗澡。

3.会叠被子，整理床铺。

4.能独立乘坐公共交通工具。

【学习自理】

1.能独自整理书包,准备学习用品。

2.主动整理自己的课桌和收纳箱。

3.按时上学不迟到。

4.放学排队快速安静。

(二)评价背景

不同年龄段的学生在生活和学习自理能力上会显现出较大的差异,我们希望通过评价来培养学生的自我管理能力,主要借助家长、同伴对学生平时学习生活的点滴观察来进行评价。

(三)评价方式

低段学生重在自理习惯上的培养,通过周反馈的形式对学生的自理习惯进行评价。在一周反馈上设置"自我评价"栏目,将"生活自理"和"学习自理"的评价标准按照不同的年段纳入一周反馈,用涂☆的方式促进良好习惯的养成。

中高段学生已具备基本的生活和学习技能,采用自评、同伴评和家长评相结合的方式,结合三至六年级的专题研修课程内务要求部分进行"生活自理"中1、2、3的评价。

二、自救

自救强调的是一种自我保护意识,考验的是学生在遇到困难、危险时的一种应激能力。

(一)评价标准

1.公共场所不随意与陌生人接触。

2.知道家庭住址及基本求助电话。

3.说出两种以上安全常识(交通／食品)。

4.了解未成年人受到侵害的预防方法。

（二）评价背景

学校保健室可定期在阅览室组织开展"自救常识"的沙龙，让学生分年龄段了解一些基本的自救自护知识。依托四五年级专题研修课程中关于自救的培训，中高段学生理应掌握了一些基础的防护应急措施。

（三）评价方式

对该项目的评价，不应只局限于学校内，还应放眼于校外，尤其是学生如何应对在一些公共场所出现的突发事件。要知道家庭住址和110、120、119等基本的求助电话，懂得自我保护的常识，具备交通、食品等安全意识，了解未成年人保护法的相关知识，知道未成年人容易受到哪些侵害，从而学习相应的预防方法。教师利用circle time、道法课、实践课的时间，开设"安全教育"专题，落实期末关于自救的评价。

三、规划

（一）评价标准

1.能与小组同学较好地规划一次任务。

2.能合理规划安排假期生活。

3.制订学期目标，确定评优方向。

4.制订一份为实现理想做好准备的小计划。

（二）评价背景

合作是"新班级教育"学生特质中比较显性的要素。基于平时的课堂教学，以及学校开展的各类节日活动，学生无时无刻不在与同伴合作、交往。低段学生重在培养合作意识和交往能力，中高段学生则重在学生通过活动逐渐形成统筹意识，有计划和目的地去完成一项任务或一系列事情。

（三）评价方式

利用"红领巾跳蚤市场"、春秋游等活动，学生形成项目学习小组。低段借助春秋游活动单的商讨和填写，班主任观察、记录每一位学生的合作和规划能力；中段借助"学雷锋献爱心""红领巾跳蚤市场"活动，由学生申领任务，以小队为单位进行合理地规划和分工，班主任做好观察记录，活动结束后进行简单的反馈和评价;高段结合"立志章"的评选要求,制订一份为实现理想做好准备的小计划。同时,全年段学生借助"小海燕成长手册"的学期目标及评优说明,制订学期目标及评优目标,期末时,结合评奖和学期综合表现,由学生、同伴、老师三方评价。假期前制订暑假(寒假)计划,休业式交流。班主任结合学生交流情况和假期后的完成情况,对学生表现进行记录,期末做出统一评价。

四、选择

(一)评价标准

1. 根据自身喜好选择菜肴。

2. 选择就餐时安静用餐。

3. 依据喜好选择选修课和活动类课程。

4. 第一选择无法满足时能接受协调。

(二)评价背景

目前学生午餐采取自助餐的形式,丰富的校园节日走班课程、选修课,俱乐部又为培养学生的选择能力提供了多种途径。学生在选择的过程中,自然会经历甄别、冲突、挣扎等内心活动。此时,正好可以评价学生遇事是否有主见,能够根据自身情况进行合理的取舍。

(三)评价方式

结合一周反馈,对该"选择"的第1、2条进行评价,使之常态化。结合校园节日、专题研修课等活动,对3、4条在期末时通过学生自身、同伴和教师三方的观察做出合理的评价。

五、习得

(一)评价标准

1. 学习并知道少先队相关知识。

2. 学习榜样先锋人物的典型事迹。

3. 知道中国共产党的相关知识。

4. 知道中国人民解放军的相关知识。

（二）评价背景

结合相关要求，对"习得"的评价大致分为三个方面：少先队知识、共产党知识及人民解放军知识。对不同年龄段的要求逐层递进，符合不同年龄段学生的认知需求。

（三）评价方式

通过队前教育、校园活动、寒暑假少先队倡议等途径，每次活动后用评价表的方式以自己评、小队评、中队评、辅导员审核进行综合评价。结合低段的"苗苗章""五星红旗章""向日葵章""爱军章"、中段的"星星火炬章""学雷锋章""学先锋章""赞祖国章"，以及高段的"服务章""民族团结章""好作风章""学法章"的要求进行综合评价。

六、胆魄

（一）评价标准

1.每学期至少有一次全班性及以上的展示机会。

2.遇校级展示活动不怯场，大方从容。

3.申请一个中队服务岗位，并按照要求完成。

4.大胆尝试，勇于创新，不怕失败。

（二）评价背景

要培养学生胆大心细、遇事果断的品质，能自信大方地在众人面前进行展示。艺术节、科技节、英语节等校园节日，为有特长的学生搭建了展示平台。而班主任也应该为学生创设更多的平台，锻炼学生的表达能力和胆量。如此，学生才能在自己遇到事情的时候妥善处理，从容应对。

（三）评价方式

童年故事、钢琴展示、校园节日街头秀等都为学生创设了多种展示的空间。班主任可以利用 circle time 定主题、定时间地让学生进行交流分享，保证每个学生至少一学期有一次班级及以上的展示机会。鼓励学生勇于实践，在科技节的"挑战不可能"任务中评价学生的学习成果。期末结合自身、同伴和教师三方共同评价。同时，利用好班级的班干部管理责任制，培养学生的管理能力、担当意识和责任感。中段学生可通过"爱劳动章"4—3来评价第3条。期末由学生自身、同伴和教师三方进行统一评价。

七、游泳

(一)评价标准

游泳课是崇文世纪城的特色课程,一年级就开始实施。对于游泳的评价,有专门的一套标准,在此简化为两个内容:基本技能和体能训练。崇文近江校区可选择评价。

【基本技能】

1.学会憋气、漂浮。

2.通过学习掌握蛙泳的基本姿势。

3.通过学习掌握自由泳的基本姿势。

4.通过学习掌握仰泳的基本姿势。

【体能训练】

1.用一种泳姿游10米。

2.用一种泳姿游15米。

3.用一种泳姿游25米。

4.用一种泳姿游50米及以上。

(二)评价背景

依托学校游泳课程的考核要求,对一至六年级的学生进行评价。

(三)评价方式

以游泳课的期末考核成绩为依据,根据学生考核的等级进行评价。

八、感知

(一)评价标准

1.不去河边、高压强电等危险场所。

2.避免独自行动,尽量结伴而行。

3.对周围环境保持警惕性,如遇危险能第一时间采取紧急措施。

4.面对新环境,一周后能较快适应。

(二)评价背景

"感知"部分的评价,重在考查学生对生存环境的敏感度,与学生的实际生活密切相关。通过学习和体验,学生已具备了一定的感知力,对其生存的环境首先会进行一个初步的判断,正如刚入学的新生,因不熟悉环境不会到处乱跑。他们往往会先洞悉周围的一切,包括新同学。经过一至两个月的相处,逐渐融入环境,也能与同伴自然相处。

(三)评价方式

通过综合实践课、游戏课、主题活动《好朋友》等,帮助一年级新生适应新环境,结交新朋友。如综合实践课让学生接龙报新同学的名字,比比谁记住的多。游戏课通过玩"大风吹"的游戏,帮助学生进一步将姓名和人对上号。主题活动更是从"夸夸我的好朋友"的角度评价学生的交际能力。

中高段学生有较强的自我保护意识,对环境的敏感性也会更强一些。通过自身、同伴和教师的观察在期末统一做出客观评价。

表3-2 《身体素质》分项评价方案

序号	内容	综合	项目	选项	等级
1			力量	实心球	
2			速度	50米	
3			弹跳力	立定跳远	
4	身体素质			跳绳	
5			柔韧性	坐位体前屈	
6			毅力		
7			体育精神		
履历·建议					

1.力量:扔沙包G1-2

（1）等级标准:A级、B级、C级。

（2）评价依托:本项目依托体育课程中的课堂测试以及素质达标运动会的成绩。

（3）评价方法:每个月的体育课程结束,教师对学生的扔沙包进行测试并统计。

（4）评价标准（见表3-3）:

表3-3　扔沙包评价标准

等级	年级	标准(男生)	标准(女生)
A	G1	10米及以上	8米及以上
A	G2	10米及以上	8米及以上
B	G1	7~9.9米	5~7.9米
B	G2	7~9.9米	5~7.9米
C	G1	6.9米及以下	4.9米及以下
C	G2	6.9米及以下	4.9米及以下

力量:仰卧起坐G3-6

（1）等级标准:A级、B级、C级。

（2）评价依托:本项目依托体育课程中的课堂测试以及素质达标运动会的成绩。

（3）评价方法:每个月的体育课程结束,教师对学生的仰卧起坐进行测试并统计。

（4）评价标准（见表3-4）:

表3-4　仰卧起坐评价标准

等级	年级	标准(男生) 单位:次	标准(女生) 单位:次
A	G3	42及以上	42及以上
	G4	43及以上	43及以上
	G5	44及以上	44及以上
	G6	45及以上	45及以上
B	G3	34~41个	34~41个
	G4	35~42个	35~42个
	G5	36~43个	36~43个
	G6	37~44个	37~44个
C	G3	33及以下	33及以下
	G4	34及以下	34及以下
	G5	35及以下	35及以下
	G6	36及以下	36及以下

2.速度:50米

（1）等级标准:A级、B级、C级。

（2）评价依托:本项目依托体育课程中的课堂测试以及素质达标运动会的成绩。

（3）评价方法:每个月的体育课程结束,教师对学生的50米进行测试并统计。

（4）评价标准(见表3-5):

表3-5 50米短跑评价标准

等级	年级	标准（男生）单位:秒	标准（女生）单位:秒
A	G1	10.4及以下	11.2及以下
	G2	9.8及以下	10.2及以下
	G3	9.3及以下	9.4及以下
	G4	8.9及以下	8.9及以下
	G5	8.6及以下	8.5及以下
	G6	8.4及以下	8.4及以下
B	G1	10.5~10.8秒	11.3~12秒
	G2	9.9~10.2秒	10.3~11秒
	G3	9.4~9.7秒	9.5~10.2秒
	G4	9.0~9.3秒	9.0~9.7秒
	G5	8.7~9.0秒	8.6~9.3秒
	G6	8.5~8.8秒	8.5~9.2秒
C	G1	10.9秒及以上	12.1秒及以上
	G2	10.3秒及以上	11.1秒及以上
	G3	9.8秒及以上	10.3秒及以上
	G4	9.4秒及以上	9.8秒及以上
	G5	9.1秒及以上	9.4秒及以上
	G6	8.9秒及以上	9.3秒及以上

3.弹跳力:立定跳远

（1）等级标准:A级、B级、C级。

（2）评价依托:本项目依托体育课程中的课堂测试以及素质达标运动会的成绩。

（3）评价方法:每个月的体育课程结束,教师对学生的立定跳远进行测试并统计。

（4）评价标准（见表3-6）：

表3-6　立定跑远评价标准

等级	年级	标准（男生）	标准（女生）
A	G1	1.4米及以上	1.3米及以上
	G2		
	G3	1.5米及以上	1.4米及以上
	G4		
	G5	1.6米及以上	1.5米及以上
	G6		
B	G1	1.2～1.39米	1.1～1.29米
	G2		
	G3	1.3～1.49米	1.2～1.39米
	G4		
	G5	1.4～1.59米	1.3～1.49米
	G6		
C	G1	1.19米及以下	1.09米及以下
	G2		
	G3	1.29米及以下	1.19米及以下
	G4		
	G5	1.39米及以下	1.29米及以下
	G6		

弹跳力：跳绳

（1）等级标准：A级、B级、C级。

（2）评价依托：本项目依托体育课程中的课堂测试以及素质达标运动会的成绩。

（3）评价方法：每个月的体育课程结束，教师对学生的跳绳进行测试并统计。

（4）评价标准（见表3-7）：

表3-7　坐位体前屈评价标准

等级	年级	标准（男生）单位：次	标准（女生）单位：次
A	G1	99及以上	103及以上
	G2	107及以上	113及以上
	G3	116及以上	125及以上
	G4	127及以上	135及以上
	G5	138及以上	144及以上
	G6	147及以上	152及以上
B	G1	87～98	87～102
	G2	95～106	97～112
	G3	104～115	109～124
	G4	115～126	119～134
	G5	126～137	128～143
	G6	135～146	136～151
C	G1	86及以下	86及以下
	G2	94及以下	96及以下
	G3	103及以下	108及以下
	G4	114及以下	118及以下
	G5	125及以下	127及以下
	G6	134及以下	135及以下

4.柔韧性：坐位体前屈

（1）等级标准：A级、B级、C级。

（2）评价依托：本项目依托体育课程中的课堂测试以及素质达标运动会

的成绩。

（3）评价方法：每个月的体育课程结束，教师对学生的坐位体前屈进行测试并统计。

（4）评价标准（见表3-8）：

表3-8　坐位体前屈评价标准

等级	年级	标准（男生） 单位：厘米	标准（女生） 单位：厘米
A	G1	13及以上	16及以上
	G2	13.2及以上	16.3及以上
	G3	13.4及以上	16.6及以上
	G4	13.6及以上	16.9及以上
	G5	13.8及以上	17.2及以上
	G6	14及以上	17.5及以上
B	G1	9.9～12.9	12.3～15.9
	G2	9.5～13.1	12.2～16.2
	G3	9.1～13.3	12.1～16.5
	G4	8.6～13.5	12.0～16.8
	G5	8.2～13.7	11.9～17.1
	G6	7.7～13.9	11.8～17.4
C	G1	9.8及以下	12.2及以下
	G2	9.4及以下	12.1及以下
	G3	9及以下	12.0及以下
	G4	8.5及以下	11.9及以下
	G5	8.1及以下	11.8及以下
	G6	7.6及以下	11.7及以下

5.耐力：50×8米（G5-6）

（1）等级标准：A级、B级、C级。

（2）评价依托：本项目依托体育课程中的课堂测试以及素质达标运动会

的成绩。

（3）评价方法：每个月的体育课程结束，教师对学生的坐位体前屈进行测试并统计。

（4）评价标准（见表3-9）：

表3-9 耐力跑评价标准

等级	年级	标准（男生） 单位：分.秒	标准（女生） 单位：分.秒
A	G5	1.42及以下	1.47
	G6	1.36及以下	1.43
B	G5	1.43～1.51	1.48～1.56
	G6	1.37～1.45	1.44～1.52
C	G5	1.52及以上	1.57及以上
	G6	1.46及以上	1.53及以上

6. 兴趣

（1）等级标准：A级、B级、C级。

（2）评价依托：本项目依托体育项目课程以及相关的体育活动。

（3）评价方法：每个月的体育课程结束，教师对学生的毅力进行等级评价。

（4）评价标准（见表3-10）：

表3-10 兴趣爱好评价标准

等级	年级	标准
A	G1	能够一直坚持一项体育运动的学习和锻炼。
	G2	
	G3	课余时间一直坚持跳绳、仰卧起坐、坐位体前屈的练习。
	G4	
	G5	面对辛苦、乏味的跑步练习，有好的忍耐力、持久力。
	G6	

等级	年级	标准
B	G1	能够较好地一直坚持一项体育运动的学习和锻炼。
	G2	
	G3	课余时间基本能坚持跳绳、仰卧起坐、坐位体前屈的练习。
	G4	
	G5	面对辛苦、乏味的跑步练习，有较好的忍耐力、持久力。
	G6	
C	G1	不能够一直坚持一项体育运动的学习和锻炼。
	G2	
	G3	课余时间不能一直坚持跳绳、仰卧起坐、坐位体前屈的练习。
	G4	
	G5	面对辛苦、乏味的跑步练习，没有好的忍耐力、持久力。
	G6	

7. 习惯

（1）等级标准：A级、B级、C级。

（2）评价依托：本项目依托体育项目课程以及相关的体育活动。

（3）评价方法：每个月的体育课程结束，教师对学生的体育精神进行等级评价。

（4）评价标准：习惯主要包括遵守规则、团队合作、正确的胜负观（见表3-11）。

表3-11　习惯评价标准

等级	年级	标准
A	G1	能够严于律己，完全遵守学校、课堂规则，并且在别人不遵守规则时友善提醒。
	G2	
	G3	在课中展现出团队合作的意识或者小组合作意愿，热情帮助组里其他人，与同学有效交流多，十分愿意贡献自己的力量以达成团队目标。
	G4	

续　表

等级	年级	标准
A	G5	在比赛获胜时,能够大方赞扬对手,不嘲笑对方,谦虚地表达是对方的强大造就了自己;在比赛失利时,能够大方恭喜对方获胜,承认自己的不足,更加努力。
A	G6	
B	G1	能够较好地遵守规则,在老师提醒下能够纠正自己不符合规则的行为。
B	G2	
B	G3	在团队中能够较积极地提出建议和参与其中,在团队中做出奉献。
B	G4	
B	G5	将比赛胜负看得比较重,但是仍愿意称赞对手。
B	G6	
C	G1	规则意识差,经常不遵守规则,不论老师还是同学提醒,不做出改变。
C	G2	
C	G3	在团队中表现平庸,不积极的态度,不愿意与同学合作。
C	G4	
C	G5	无论比赛胜负,均瞧不上对手,态度和言语都只在乎胜负。
C	G6	

表3-12　《社会情感》分项评价方案

内容	综合	项目	等级	项目关键词
社会情感		悦纳		1.包容;2.分享;3.接纳;4.认可
社会情感		交往		1.交流;2.沟通;3.参与;4.帮助
社会情感		合作		1.乐于分享;2.老师角色;3.教练角色;4.顾问角色
社会情感		自律		1.守时;2.独立;3.负责;4.信赖
社会情感		专注		1.努力;2.慎思;3.自省;4.坚持
社会情感		倾听		1.回应;2.关注;3.理解;4.确认
社会情感		调适		1.能抗压;2.勇尝试;3.懂放松;4.会求助
社会情感		兴趣		1.好奇;2.冒险;3.创造;4.表现
履历·建议				

本评价项目共设置八个评价指标,悦纳、交往、合作、自律、专注、倾听、调适、兴趣。其中,悦纳、交往、合作是人际关系形成能力(与他人相关);自律、专注、倾听,属于自我调节能力(与自己相关);调适、兴趣属于参与和构建社会的能力(与社会相关)。对总体评价的说明如下:

(一)等级指标(见表3-13)

表3-13 评价项目评价指标

评价指标	A	典范	分项A记10分
	B	良好	分项B记8分
	C	合格	分项C记5分
	D	有待改善	5分以下
总评	折算4次分项等级后取平均值,得分在9分及以上总评为A,7~8.9分总评为B,5~6.9分总评为C,5分以下总评为D。		

(二)评价依托

配合已有的国家课程课堂实施情况、circle time、选修课程、主题课程、专题研修课程、语数英科阶段反馈以及融入少先队课雏鹰争章活动体系,利用对社会情感技能(SEL)的学习,促进学生身心健康成长。

(三)评价操作

1.以表现性评价、真实性评价,根据国家课程课堂实施情况、circle time、选修课程、主题课程、专题研修课程、语数英科阶段反馈以及融入雏鹰争章活动,作为评价时机,完成评价等级设置。

2.用学生日志、活动评价表、档案袋评价、核查清单、行为指标评价、教师进行相关观察、轶事记录等评价方式与工具完成评价操作。

(四)特别说明

由于相关评价项目是社会情感技能的一部分,这是学生应对未来生活的重要能力,因此,实践中,教师首先要对社会情感技能(SEL)要素进行深入学习,以便正确指导与评价。每一个评价项目的核查清单就是相关的技能要素体现,实践中,可以打印出来贴在教室里,就这些技能要素和学生进行讨论、分享。根据本方案所提供的评价序列,根据不同班级、年级或学段,撷取方案所罗列的量表指标,进行部分相关量表的设置,以使评价促进学生发展与成长,也更符合学生年龄和表现的实际情况。

一、悦纳

(一)评价依托(见表3-14)

表3-14　"悦纳"评价结构

	年段	序列活动名称	评价工具	评价时机	评价方式
悦纳	低	天使活动	知心卡1-1	Circle Time	知心卡轶事记录
	中	团队游戏	核查清单1-2	团队游戏课	做到打√
	高	优点放送	活动手册内页1-3	专题研修课程	看完成情况

(二)评价操作

低段:天使活动,做周围人(同学、老师、家人)的天使,每月评一次,可以用送出的"知心卡"记录评价,也可以用核查清单进行。一年级指向苗苗章4-4;二年级指向孝敬章4-3,4-4。

中段:团队游戏,通过指导和关注学生悦纳的一些社会情感技能掌握,每月一次以核查清单进行评价。

高段:优点放送,通过不定期的研修课程结合按一月一次的频率进行评价,五年级指向爱集体章的4-2,以核查清单确认学生的悦纳水平。

二、交往

(一)评价依托(见表3-15)

表3-15 "交往"评价结构

	年段	序列活动名称	评价工具	评价时机	评价方式
交往	低	社团情景	核查清单2-1；测试活动单2-2、2-3	Circle Time	访谈、日志记录
	中	跨班研修	核查清单2-1；新朋友介绍卡2-4	跨班活动总结时	日志记录、档案袋评价
	高	结对活动	核查清单2-1	Circle Time	日志记录、档案袋评价

(二)评价操作

通过交往水平核查清单,每月一次进行评价。指向一年级文明章4-4,二年级乐学章4-3,三年级手拉手章4-1、4-2、4-3、4-4,以及四年级民族团结章4-4,五年级阳光自信章的4-1、4-2、4-3。通过日常的成长手册的日志记录,各种跨班的主题活动课程、专题研修课程等活动,进行交往水平的相关评价。SE2-5参与各种小组活动指导单,作为成功参与各种小组活动的要素指导,可作为各年龄段讨论交往中参与小组活动技能的要点,也可以放入档案袋。

三、合作

(一)评价依托(见表3-16)

表3-16 "合作"评价结构

	年段	序列活动名称	评价工具	评价时机	评价方式
合作	低	合作习惯	评估清单3-1、3-2	Circle Time	档案袋评价
	中	合作小队	评估表3-3、3-4	小队活动	档案袋评价
	高	合作项目	评估表3-3、3-4	项目进行中	档案袋评价

(二)评价操作

在全班 circle time 时间或某个合作开展时间,对 3-1 合作水平评估清单所列的合作技能要素,展开讲解、讨论,在合作活动进行中和结束后,用 3-2 所列条目,通过讲解、讨论,解决小组合作冲突或改进小组合作。低段,主要解决合作技能要素理解;中高段,根据项目进行小组合作评价,指向四年级学先锋章 4-4,指向于五年级爱集体章 4-1,指向于五年级阳光自信章,六年级好作风章 4-3、4-4。此外,训练学生合作技能,离不开个别化教育和个性化课堂的推进,提供一个 SE 3-5 评级工具,旨在提升学生老师角色合作技能要素,抛砖引玉。

四、自律

(一)评价依托(见表 3-17)

表 3-17 "自律"评价结构

	年段	序列活动名称	评价工具	评价时机	评价方式
自律	低	习惯养成	核查清单 4-1	Circle Time 每周反馈	行为指标评价
自律	中	自我成长	核查清单 4-1	Circle Time 每周反馈	行为指标评价
	高	自主管理	核查清单 4-1	Circle Time 每周反馈	行为指标评价

(二)评价操作

中、高段可以将自律核查清单整体呈现,然后罗列各项开展每周评价,低段则可以逐一进行自律相关习惯养成,评价等级见核查清单。以低段"先做后玩"一项为例,将自律好习惯"先学后玩"评价表 SE 4-1 贴在成长手册上,每天进行评价。对于做得好的学生,在 circle time 时间进行分享,做得不够好的学生,跟进进行 4-2 记录单,找到原因进行帮助(见表 3-18)。

表3-18 SE 4-2( )作业完成情况评价记录单

日期	及时完成	未及时完成	原因

- 未及时完成的原因

  1.忘记做作业；

  2.忘记及时上交；

  3.完成有困难，找不到帮助我的人；

  4.时间不够；

  5.其他原因。

- 我对自己作业完成情况的评价：

五、专注

(一)评价依托(见表3-19)

表3-19 "专注"评价结构

	年段	序列活动名称	评价工具	评价时机	评价方式
专注	低	习惯养成	评价单 5-1、5-2	Circle Time 每周反馈或阶段反馈	档案袋评价
	中	环保科学	评价单 5-3 评价单 5-4	Circle Time 阶段反馈或科学家	档案袋评价
	高	项目研究	评价单 5-5	创新研究室阶段反馈	档案袋评价

（二）评价操作

本项目的评价,低段主要关注学生习惯养成,提供评价习惯养成的评价单与给出等级评分标准;中段在低段的基础上,聚焦于科学环保与阅读主题的项目研究,指向三年级环保章4-1、4-3、4-4,四年级科学章4-1、4-2、4-3、4-4,高段聚焦创新研究室的数学与科学项目研究。该项目评价体现过程性评价,各年段无法割裂进行,因此,中年级也可以在必要时使用5-1和5-2评价工具,以最后结果为评价结果,月评价或阶段评价的目的,在于促使学生保持对某个项目一段时间的研究,能够完成一项成果,帮助学生体验专注的力量,教给学生专注技巧,养成专注的习惯。

六、倾听

（一）评价依托（见表3-20）

表3-20　"倾听"评价结构

	年段	序列活动名称	评价工具	评价时机	评价方式
倾听	低	阶段反馈	核查清单6-1	Circle Time	日志记录
	中	阶段反馈	核查清单6-1	一个学习单元结束	日志记录
	高	阶段反馈	核查清单6-1	一个学习单元结束	日志记录

（二）评价操作

可以将年级各学科统一,选取倾听项目进行核查清单评价。低段,可以将核查清单制作成一张彩色表格,贴在教室前面,利用circle time时间,对每一条倾听技能掌握情况进行讨论与分享,按周、月评价;中高段可以年级统一,以某一次年级组主题活动为契机,先在墙上粘贴表格,按活动、按学科学习单元,下发表格后进行月评价,目的在于促进学生的倾听技能发展与提升。

七、调适

(一)评价依托(见表3-21)

表3-21　"调适"评价结构

	年段	序列活动名称	评价工具	评价时机	评价方式
调适	低	勇于担责	评估清单7-1	Circle Time 每周一	行为指标评价
	中	善于求助	评估清单7-2	Circle Time 每周一艺术节	行为指标评价
	高	强大内心	评估清单7-3	Circle Time 每周一	行为指标评价

(二)评价操作

学期初将下面评价工具对应年段,制作成一张彩色表格,贴在"学生成长手册"前面,在每周周一的circle time时间,结合文明示范班评比,把加分和减分情况进行全班说明和评价,进行总结分享,注意正确引导学生的调适行为。其中中段有指向四年级艺术章4-3、4-4相关内容。调适水平主要体现在:能抗压、勇尝试、懂放松、会求助;与之相应的社会情感技能有:提升自我形象,接受失败,平息愤怒,解决问题。

八、兴趣

(一)评价依托(见表3-22)

表3-22　"兴趣"评价结构

	年段	序列活动名称	评价工具	评价时机	评价方式
兴趣	低	友爱孝亲	评估清单8-1	Circle time 小队活动项目	档案袋评价
兴趣	中	我爱我家	评估清单8-1	Circle time 小队活动项目	档案袋评价
	高	童眼世界	评估清单8-1	Circle time 小队活动项目	档案袋评价

（二）评价操作

兴趣这一项目的评价,着眼于对学生热爱学习(好奇心)、勇于探索陌生领域(敢于冒险)、创造力、清楚地表达观点、感受和爱好相关的社会情感技能,最重要的是有志于解决问题,因此,必然需要面对承担后果、接受失败以及直面偏见等经历。通过对于活动过程中行为指标评价,指向于不同年段的活动,二年级孝敬章4-1,三年级学雷锋章4-4、爱劳动章4-1、4-4,六年级学法章4-4,完成对学生学校、家庭、社会等不同场景下,兴趣水平的表现。在水平评估清单之外,提供解决问题技巧8-2、不同类型演讲评价单8-3以及学习契约制订方法8-4,以适应不同学生兴趣需求,满足定制课程评价需求。

表3-23　《德行修养》分项评价方案

领域	内容	项目	等级
公民德行	道德法制	基本常识	
	传统美德	向善	
		尽孝	
		礼仪	
		担当	
	公共素养	规则	
		诚信	
		感恩	
		公益	
建议			

道德法制

"道德法治"根据《道德与法治》期末试卷考核的实际数据,折算成"A、B、C",对应等级分别是"优秀""合格"与"暂缓"。

传统美德、公民素养

（1）评价方式

传统美德、公民素养采用过程性评价，结合学生平时学习生活中、学校班级各活动中的表现，结合每月量表，依次从八个方面进行评价。

（2）评价等级

等级水平为"优秀""暂未达标"，分别用"A""描述未达标项目，给出建议的语言"或"A+典型事例描述"来表示。

1.向善

（1）评级标准

低段（一、二年级）：以"每周主动帮助同学一次"为内容，每月评价一次，计算总评等级，A等级：能做到每周1次及以上；

中段（三、四年级）：以"每周做一件好事"为内容，每月评价一次，计算总评等级，A等级：能做到每周1次及以上（可指向三年级"学雷锋章"4-3，内容是学习雷锋做一件好事，制订长期计划）；

高段（五、六年级）：以"寻访优秀党员（或寻找2名少先队员），把为人民服务的故事（或践行少先队作风的事情）讲给大家听"为内容，每月评价一次，计算总评等级，A等级：能做到每月1次及以上（可指向五年级"服务章"4-2、4-3，内容是寻访一位身边的优秀党员，讲述一位优秀党员为人民服务的故事。也可指向六年级"好作风章"4-2，内容是寻找两个身边践行少先队作风的榜样）。

（2）评价方法

学生、家长、老师根据实际情况进行每月评价，月评中达到要求即可得A。每学期评价四次，得到3A及以上，则"向善"总评为A。若有未达到要求的项目，则在"向善"总评处，进行如实文字记录。

2.尽孝

（1）评级标准

低段（一、二年级）：以"每天上学出门、放学回家能主动和家人告别和打招呼"为内容，每月评价一次，计算总评等级，A等级：按实际上学天数折算，做到60%及以上；

中段(三、四年级):以"每周承担一次家务"为内容,每月评价一次,计算总评等级,A等级:能做到每周1次及以上(可指向三年级"爱劳动章"4-2,内容是拥有一个家务劳动岗位,并得到父母认可);

高段(五、六年级):以"每周承担一次家庭打扫,或者为家人烹制一餐"为内容,每月评价一次,计算总评等级,A等级:能做到每月3次及以上。

(2)评价方法

学生、家长、老师根据实际情况进行每月评价,月评中达到要求即可得A。每学期评价四次,得到3A及以上,则"尽孝"总评为A。若有未达到要求的项目,则在"尽孝"总评处,进行如实文字记录。

3. 礼仪

(1)评级标准

低段(一、二年级):以"不追跑打闹,注意安全,轻声慢步靠右走"为内容,每月评价一次,计算总评等级,A等级:结合教师观察与同学互评,能做到60%及以上;

中段(三、四年级):以"每周按要求规范着正装"为内容,每月评价一次,计算总评等级,A等级:根据每月实际要求着正装次数,做到100%;

高段(五、六年级):以"语言文明,使用礼貌用语,注重沟通"为内容,每月评价一次,计算总评等级,A等级:结合教师观察与同学互评,能做到90%及以上。

(2)评价方法

学生、家长、老师根据实际情况每月进行评价,月评中达到要求即可得A。每学期评价四次,得到3A及以上,则"礼仪"总评为A。若有未达到要求的项目,则在"礼仪"总评处,进行如实文字记录。

4. 担当

(1)评级标准

低段(一、二年级):以"做错事,能承认错误并真诚道歉"为内容,每月评价一次,计算总评等级,A等级:结合教师观察与同学互评,能做到60%及以上;

中段(三、四年级):以"做错事不光能承认,并能尽力弥补"为内容,每月评

价一次,计算总评等级,A等级:结合教师观察与同学互评,能做到60%及以上;

高段(五、六年级):以"树立小主人翁意识,能主动长久为大家服务,为学校做点力所能及的事,如:志愿者、值周岗、值日班长"为内容,每月评价一次,计算总评等级,A等级:结合教师观察与同学互评,能做到90%及以上。

(2)评价方法

学生、家长、老师根据实际情况进行每月评价,月评中达到要求即可得A。每学期评价四次,得到3A及以上,则"担当"总评为A。若有未达到要求的项目,则在"担当"总评处,进行如实文字记录。

5. 规则

(1)评级标准

低段(一、二年级):以"校内每次上下楼梯靠右通行"为内容,每月评价一次,计算总评等级,A等级:结合教师观察与同学互评,能做到60%及以上;

中段(三、四年级):以"每周文明规范评比"为内容,每月评价一次,计算总评等级:A等级,结合教师观察与同学互评,能做到75%及以上;

高段(五、六年级):以"乘坐公共交通,不喧哗,不推抢,遵守秩序"为内容,每月评价一次,计算总评等级,A等级:结合家长评价与同学互评,能做到90%及以上。

(2)评价方法

学生、家长、老师根据实际情况进行每月评价,月评中达到要求即可得A。每学期评价四次,得到3A及以上,则"规则"总评为A。若有未达到要求的项目,则在"规则"总评处,进行如实文字记录。

6. 诚信

(1)评级标准

低段(一、二年级):以"每周能严格执行班级值日生表中自己的任务"为内容,每月评价一次,计算总评等级,A等级:结合教师观察与同学互评,能做到60%及以上;

中段(三、四年级):以"团队协作践诺"为内容,每月评价一次,计算总评等级,A等级:结合教师观察与同学互评,能做到60%及以上(可指向四年级"诚信

章"4-3,内容是说出五个诚信的规则,践行规则的约定);

高段(五、六年级):以"能实事求是地面对自己的错误,在同学互评中信用指数为三星"为内容,每月评价一次,计算总评等级,A等级:结合教师观察与同学互评,能做到90%及以上。

(2)评价方法

学生、家长、老师根据实际情况进行每月评价,月评中达到要求即可得A。每学期评价四次,得到3A及以上,则"诚信"总评为A。若有未达到要求的项目,则在"诚信"总评处,进行如实文字记录。

7. 感恩

(1)评级标准

低段(一、二年级):以"每周向祖辈致电问候至少一次"为内容,每月评价一次,计算总评等级,A等级:能做到每周1次及以上;

中段(三、四年级):以"每周一次向帮助我的人致谢"为内容,每月评价一次,计算总评等级,A等级:能做到每周1次及以上;

高段(五、六年级):以"能在每个节日向适切的人群送上祝福"为内容,每月评价一次,计算总评等级,A等级:结合教师观察与同学互评,能做到90%及以上(可指向六年级"感恩章",内容是感恩父母,给父母写封感恩信,做件让父母高兴的事;感恩他人,向身边帮助过你的同伴致谢;感恩老师,做张尊师贺卡,写毕业留言;感恩学校、少先队组织和社会,制作一张手抄报)。

(2)评价方法

学生、家长、老师根据实际情况进行每月评价,月评中达到要求即可得A。每学期评价四次,得到3A及以上,则"感恩"总评为A。若有未达到要求的项目,则在"感恩"总评处,进行如实文字记录。

8. 公益

(1)评级标准

低段(一、二年级):以"每月积极参加废纸换图书活动"为内容,每月评价一次,计算总评等级,A等级:能做到每月1次;

中段(三、四年级):以"每周在家中分类整理垃圾,并倒入相应的垃圾桶内"为内容,每月评价一次,计算总评等级,A等级:能做到每周1次及以上(可指向三年级"环保章"4-2,内容是向身边的三个人做环保宣传,推广环保理念);

高段(五、六年级):以"每周能在社区、学校等场所为他人做一件事"为内容,每月评价一次,计算总评等级,A等级:能做到每月3次及以上(可指向五年级"服务章"4-4,内容是参加一项为人民服务的公益实践活动)。

(2)评价方法

学生、家长、老师根据实际情况进行每月评价,月评中达到要求即可得A。每学期评价四次,得到3A及以上,则"公益"总评为A。若有未达到要求的项目,则在"公益"总评处,进行如实文字记录。

表3-24 《语文》分项评价方案(三年级为例)

内容	综合	项目	等级
语文		积累与应用	
		口语交际	
		阅读理解	
		习作	
		阅量	
		书写	
		兴趣	
		习惯	
	履历·建议		

1.积累与运用

(1)等级标准

A等级:对学习汉字有浓厚的兴趣,具有独立识字的能力,能在具体的语言环境中运用汉字。

B等级:对学习汉字有兴趣,初步具备独立识字的能力。

C等级:能学习汉字,但兴趣不浓,不够主动。

D等级:不喜欢学习汉字,兴趣不浓,不主动。

(2)评级依托

主要依托期末测试中"积累与运用"的成绩评定等级。

(3)评价方法

数据型评价:依据学生期末测试中"积累与运用"成绩进行评定。

(4)评价标准

A等级:期末测试基础优秀。

B等级:期末测试基础良好。

C等级:期末测试基础合格。

D等级:期末测试基础暂缓。

2.阅读理解

(1)等级标准

A等级:阅读兴趣浓厚,阅读有一定的速度,有独特的理解或创造性的表达。

B等级:对阅读有兴趣,会多种方法阅读,能联系上下文理解含义深刻的词句。

C等级:阅读理解能力较弱,阅读不够主动。

D等级:阅读理解能力弱,不阅读。

(2)评价依托

主要依托期末测试中"阅读"的成绩评定等级。

(3)评价方法

数据型评价:依据学生期末测试中"阅读"成绩进行评定。

(4)评价标准

A等级:期末测试基础优秀。

B等级:期末测试基础良好。

C等级:期末测试基础合格。

D等级:期末测试基础暂缓。

3.习作

(1)等级标准

A等级:对写话有浓厚的兴趣,乐于在习作中运用平时积累的语言材料。内容具体,语句通顺,能表达真情实感。

B等级:内容清楚,语句通顺。尝试在习作中运用平时积累的语言材料。

C等级:能基本写下自己的见闻,语言表达能力欠佳。

D等级:不能写自己的见闻,语言表达能力很弱。

(2)评价依托

主要依托期末测试中"习作"的成绩评定等级。

(3)评价方法

数据型评价:依据学生期末测试中"习作"成绩进行评定。

(4)中、高段(三至六年级)评价标准

A等级:期末测试习作优秀。

B等级:期末测试习作良好。

C等级:期末测试习作合格。

D等级:期末测试习作暂缓。

4.口语交际

(1)等级标准

A等级:能耐心与认真倾听他人说话,不同意见会与人请教和商讨,能清楚明白地讲述见闻和表达自己的感受。

B等级:能倾听他人说话,能大致把握他人意思,能与人交流意见,能讲述见闻和感受。

C等级:偶尔能与人倾听和交流,有时能与人表达自己的感受。

D等级:不能与他人倾听和交流,不能表达自己的感受。

(2)评级依托:单元学情反馈单。

(3)评价方法:记录式评价(见表3-25)。

表3-25　"口语交际"评价记录表

口语交际						总评
1	2	3	4	5	6	

1.六次记录分别对应六次单元学情反馈单中的"口语交际"板块。

2.以A、B、C、D确定等级,分别对应优秀、良好、合格、暂缓。

3."总评"由六次等级记录综合评定,系统计算法则为:分项A记10分,B记7分,C记4分。折算8个分项等级后取平均值,得分在9分及以上单元总评为A,8.1~8.9分总评为B,6.0~8.09分总评为C,6分以下总评为D。

5.阅量

(1)等级标准

A等级:有良好的读书看报习惯,每天能阅读半小时以上,与同学有交流,阅读不少于40万字。

B等级:有较好的读书看报习惯,每天阅读半小时,阅读总字数不少于40万字。

C等级:读书看报不够主动,每天阅读时间不到30分钟,课外阅读总量少于20万字。

D等级:不爱阅读,没有阅读习惯,课外阅读量少于10万字。

(2)评价依托:单元学情反馈单。

(3)评价方法:记录式评价(见表3-26)。

表3-26　"阅量"评价记录表

阅量						总评
1	2	3	4	5	6	

1.六次记录分别对应六次单元学情反馈单中的"阅量"板块。

2.以A、B、C、D确定等级,分别对应优秀、良好、合格、暂缓。

3."总评"由六次等级记录综合评定,系统计算法则为:分项A记10分,B记7分,C记4分。折算8个分项等级后取平均值,得分在9分及以上单元总评为A,8.1～8.9分总评为B,6.0～8.09分总评为C,6分以下总评为D。

6.书写

（1）等级标准

A等级:有良好的书写习惯,能熟练地书写正楷字,做到端正、整洁、美观。

B等级:有较良好的书写习惯,能比较熟练地书写正楷字,做到规范、端正。

C等级:书写习惯一般,努力做到书写正确、端正的正楷字。

D等级:习惯较差,不能做到正确、端正地书写正楷字。

（2）评价依托:单元学情反馈单。

（3）评价方法:记录式评价(见表3-27)。

表3-27　"书写"评价记录表

书写						总评
1	2	3	4	5	6	

1.六次记录分别对应六次单元学情反馈单中的"书写"板块。

2.以A、B、C、D确定等级,分别对应优秀、良好、合格、暂缓。

3."总评"由六次等级记录综合评定,系统计算法则为:分项A记10分,B记7分,C记4分。折算8个分项等级后取平均值,得分在9分及以上单元总评为A,8.1～8.9分总评为B,6.0～8.09分总评为C,6分以下总评为D。

*综合

1.等级标准:A等级、B等级、C等级、D等级

2.评价依托:依据各项目"总评"进行综合评定。

3.评价方法:

(1)"综合"根据三项等级(积累与运用、阅读理解、习作),以及五项总评记录(口语交际、阅量、书写、兴趣、习惯)综合评定。

(2)系统计算法则为:分项A记10分,B记7分,C记4分。折算以上8个分项等级后取平均值,得分在9分及以上单元总评为A,8.1~8.9分总评为B,6.0~8.09分总评为C,6分以下总评为D。

表3-28 《数学》分项评价方案

序号	内容	综合	项目	等级
1	数学		基础运用	
2			综合能力	
3			计算	
4			空间	
5			统计	
6			应用	
7			学法品质	
履历·建议				

1.基础运用(免试生等级评定为A)

(1)等级标准

A:测试成绩达到试卷评分标准优秀等级的分数。

评价:基础知识掌握比较扎实,能按要求规范答题。

B:75分~优秀分数。

评价:基础知识掌握部分有漏洞,基本能按要求答题。

C:75分以下。

评价:基础知识需要进一步加强理解,答题步骤不够规范。

（2）评价依托

基础运用评价的是学生期末学力调研数学基础卷检测情况。

（3）评价方法

建议学科组内统一阅卷，按照评分标准统一批改。教师统计测试成绩，做出等级评定。

2.综合能力（各等级标准学科组可根据实际情况调整）

（1）等级标准

A：正确率80%及以上

评价：能独立思考，解题过程完整，解题策略多样，思维比较清晰。

B：正确率70%～80%（不包括80%）

评价：基本能独立思考，解题过程比较完整，能按一定步骤解决问题。

C：正确率70%以下

评价：独立思考能力有待进一步加强，解题过程不完整。

（2）评价依托

综合能力评价的是学生每学期4次单元检测中聪明题部分的正确率。

（3）评价方法

教师对学生各单元聪明题得分情况做好统计，根据等级标准评定等级。

3.计算（各等级标准学科组可根据实际情况调整）

（1）等级标准

A：正确率在90%及以上

评价：算理理解到位，掌握了基本算法，计算正确率较高。

B：正确率在75%～90%（不包括90%）

评价：基本理解算理，掌握了基本计算方法，但不够仔细，正确率有待进一步提高。

C：正确率在75%以下

评价：算理理解不到位，计算方法不熟练，错误率较高，建议加强计算练习。

（2）评价依托

按照每月进行一次数学计算月赛或各单元检测卷中划分出的计算部分，全学期共进行4次。

（3）评价方法

学科组内讨论好一学期4次计算专项测试内容（或单元卷计算部分），统一测试时间。教师对测试成绩做好统计，并根据标准评定等级。

4.空间（各等级标准学科组可根据实际情况调整）

（1）等级标准

A：正确率在85%及以上

评价：对图形与几何知识掌握比较好，能按要求解决图形问题，空间观念较好。

B：正确率在70%～85%（不包括85%）

评价：基本掌握图形与几何相关知识，灵活运用有待提升，建议加深理解。

C：正确率在70%以下

评价：图形与几何相关知识掌握不够到位，概念容易混淆，有待进一步整理学习。

（2）评价依托

相关单元学习内容，单元检测，图形与几何专项检测。

（3）评价方法

若所学教材内容中包含图形与几何相关内容，则可根据所学内容所在单元的检测，统计出属于该领域的测试题中学生得分情况，统计正确率。也可结合学习内容设计图形与几何专项检测题进行正确率统计。全学期共计4次。

若所学教材内容中该学期未涉及图形与几何的相关内容，则需要学科组根据学生认知水平和已学知识，设计图形与几何检测题，全学期共计4次。教师根据检测情况统计正确率，评定等级。

5.统计（各等级标准学科组可根据实际情况调整）

（1）等级标准

A：正确率在85%及以上

评价:对统计内容掌握比较好,能按要求解决统计问题,能根据统计情况进行提问解答或做出推断分析,说理清楚。

B:正确率在70%~85%(不包括85%)

评价:基本掌握了统计知识,灵活运用有待提升。根据统计情况能做出合理推断,分析说理能力有待进一步提高。

C:正确率在70%以下

评价:统计知识掌握不够到位,分析统计图表并做出推断有一定困难,建议进一步学习加强。

(2)评价依托

相关单元学习内容,单元检测,统计与概率部分专项检测。

(3)评价方法

若所学教材内容中包含统计与概率相关内容,则可根据所学内容所在单元的检测,统计出属于该领域的测试题中学生得分情况,统计正确率。也可结合学习内容设计统计与概率专项检测题进行正确率统计。全学期共计4次。

若所学教材内容中该学期未涉及统计与概率的相关内容,则需要学科组根据学生认知水平和已学知识,设计统计与概率检测题,全学期共计4次。教师根据检测情况统计正确率,评定等级。

6.应用(各等级标准学科组可根据实际情况调整)

(1)等级标准

A:失分在1题所占的分值及以内(或正确率在85%及以上)

评价:能读懂题意,正确理解数量关系,能正确列式解答问题,思维流畅。

B:失分在1题~2题所占分值(不包括1题)(或正确率在70%~85%,不包括85%)

评价:能基本读懂题意,会分析数量关系,基本能正确列式解答问题。

C:失分超过2题所占分值(或正确率在70%以下)

评价:理解题意有难度,数量关系分析有困难,不能正确列式解答问题。

(2)评价依托

各单元检测中应用问题部分。

（3）评价方法

学科组统一单元卷应用问题部分评分标准，统一检测，教师统计学生得分情况，评定等级。

7.学法品质

该部分分四个项目进行评定，分别是作业正确率，作业书写情况，课堂听讲和课堂发言。

（1）等级标准（见表3-29）。

表3-29　"学法品质"评价标准

	作业正确率	作业书写态度	课堂听讲	课堂发言
A	两本作业中只要有1本全学期正确率在50%及以上	两本作业中只要有1本全学期书写优秀在50%及以上	四次单元反馈中听讲优秀次数在3次及以上	四次单元反馈中发言优秀次数在3次及以上
B	两本作业中只要有1本全学期正确率在 35%～50%（不包括50%）	两本作业中只要有1本全学期书写优秀 在 35%～50%（不包括50%）	四次单元反馈中听讲优秀次数在2次	四次单元反馈中发言优秀次数在2次
C	作业正确率低于35%	作业书写优秀低于35%	四次单元反馈中听讲优秀次数低于2次	四次单元反馈中发言优秀次数低于2次

（2）评价依托

两本数学作业本正确率、书写情况、日常课堂听讲、发言情况。

（3）评价方法

教师根据等级标准中的要求，分别统计学生各项指标达成情况。

表3-30 《英语》分项评价方案

序号	内容	综合	项目	等级
1			听力	
2			口语	
3	英语		阅读	
4			书写	
5			唱演	
6			兴趣	
7			习惯	

1. 听力

评价学生的英语听音获取信息的能力和理解能力。听力的内容和形式可根据本年级的学习内容而定。

一、二年级：根据期中和期末两次听力测试进行等级评定：90%及以上为A，70%以上为B，其他为C。综合两次成绩，根据计算法则，给出听力的综合评价。

三至六年级：根据期末测试的听力部分的正确率作为评价的主要依据。三、四年级正确率在90%及以上为A，五、六年级正确率在85%及以上为A，正确率在70%及以上为B，其他为C。

（1）等级标准

优秀：有较好的听力理解能力，能听懂课堂指令，听力测试正确率高。

良好：有一定的听力理解能力，听力测试正确率较高。

合格：听力理解能力弱，听力测试正确率低。

（2）评价依托

英语课程阶段测试、期中及期末调研中的听力部分。

（3）评价方式

学科组、教导处研发并审核阶段测试卷，进行听力测试，教师及时、准确批改成绩，根据学生的正确率给出等级评价。

2. 阅读

主要评价学生的阅读习惯和阅读理解能力。

一、二年级：根据每个月的阅读打卡记录天数进行等级评定，每月打卡15天及以上为A，10～14天及以上为B，10天以下为C。

三至六年级：根据三次阶段测试中的其中两次、期中学力调研和期末测试中的阅读部分成绩进行等级评定，单次测试中，80%及以上为A，60%及以上为B，其他为C。

（1）等级标准

优秀：喜欢阅读，有很好的阅读习惯，阅读能力强。

良好：能耐心阅读，有较好的阅读能力。

合格：阅读理解能力较差，需要重视词汇的积累。

（2）评价依托

英语基础课程的阶段测试、期中期末调研及国际文化节等拓展课程。

（3）评价方式

确定阅读测试内容，组织测试，记录成绩，并评定等级。

3. 书写

主要评价2～6年级学生字母、单词、句子书写的正确率和规范性，1～2年级根据两次阶段反馈中校本作业和抄写情况进行等级评定，指向书写的整洁、规范和准确。

3～6年级根据三次阶段反馈中书写情况及期末阶段书写情况进行等级评定。

（1）等级标准

优秀：有很好的书写习惯，书写规范，正确率高。

良好：有较好的书写习惯，书写正确率有待提高。

合格：书写习惯和书写正确率和规范性都需要提高。

（2）评价依托

英语基础课程中的抄写作业、书写比赛。

（3）评价方式

能参加校、区组织的正规的书写比赛并获奖，直接评定为优秀；在各种小报制作中，有2次及以上小报被推荐到年级或学校进行展示的，直接评定为优秀。教师认真批改书写作业，评定等级并及时记载。

4. 口语

主要评价学生的语音面貌和口语交际能力。根据平时课堂口语表达情况、平时认读、朗读检查及期末口语测评成绩进行等级评定。一、二年级根据两次阶段反馈中的朗读情况和两次口语测评成绩进行等级评定。

（1）等级标准

优秀：语言表达丰富准确，语音准确、语调自然；认读、朗读及口语测试正确率高。

良好：英语口语表达能力不错，存在认读和句型表达方面的错误。

合格：存在较多认读、发音和句型表达方面的错误。

（2）评价依托

英语基础课程及国际文化节等拓展课程。

（3）评价方式

课堂观察和记录，课堂发言和表达表现出色的，直接评定为优秀；在国际文化节等活动中参与"故事沙龙""定制课程"等口头表达类的活动，表现出色的，直接评定为优秀；确定口语测试卷，包括词句认读、情境对话等内容，老师组织学生考官进行口语测试，记录成绩，并评定等级。

5. 唱演

主要评价学生用英语进行chant、歌曲演唱、课本剧戏剧表演的能力。主要根据学生的课堂活动表现及在拓展课程、节日课程中的表现进行评价。

（1）等级标准

优秀：喜欢唱演活动，能自信大方地演唱至少一首所学的英语歌曲或歌谣，富有表现力，或能积极组织或主动参与角色扮演，表达准确、动作自然。

良好：能主动参与唱演活动，能演唱至少一首所学的英语歌曲或歌谣，有一定的表现力;能主动参与角色扮演,表达基本准确。

合格:经他人帮助能基本完成唱、演活动,演唱和表演能力有待提高。

（2）评价依托

英语基础课程、国际文化节、社团活动等拓展课程。

（3）评价方式

课堂观察和记录,在课堂演唱和表演中表现出色的,直接评定为优秀;在"崇文好声音""戏剧展演"等活动中表现出色的,直接评定为优秀。期末进行课本剧合作表演,教师与学生共同进行评价。

6. 兴趣

主要指向学生课堂表现的参与度和积极性,包括倾听、发言和合作等方面。根据阶段反馈中"课堂表现"部分及期末阶段表现进行综合评价。

（1）等级标准

优秀:课堂倾听专注,发言积极,善于合作,对英语学习充满兴趣。

良好:课堂倾听比较专注,有主动发言和合作的意识,对英语学习有一定兴趣。

合格:课堂上不能集中注意力,课堂学习效率低。

（2）评价依托

中外教英语课堂。

（3）评价方式

课堂观察和记录。学生自评、互评、教师评价。

7. 习惯

主要指向学生书面作业及读背等完成情况。根据阶段反馈学生平时的"作业情况"及期末阶段的表现进行评价。

（1）等级标准

优秀:重视课后巩固和积累,有很好的学习习惯,能积极完成作业及订正。

良好:比较重视课后巩固和积累,有较好的学习习惯,能基本完成背诵,有作业迟交现象。

合格:不重视课后巩固和积累,未养成良好的学习习惯,背诵作业不过关,经常迟交作业或订正。

（2）评价依托

背诵及作业记载表。

（3）评价方式

作业完成及上交情况由老师进行记载；背诵过关由老师及背诵小组长共同检测。

表3-31　《科学》分项评价方案

内容	综合	项目	等级
科学		基础常识	
		实验技能	
		学科兴趣	
		探究能力	
		合作能力	
		科学思维	
		科学态度	

1.基础常识

（1）等级标准

A等级：学科基础常识扎实，自主学习能力强，有认真的学习态度和正确的学习方法。

B等级：学科基础常识一般，自主学习能力一般，有比较认真的学习态度和正确的学习方法。

C等级：学科基础常识有待提高，自主学习能力有待提高，学习态度欠佳。

（2）评级依托

低年级（一、二年级）评价主要依托每单元学习后对本单元科学词汇的理解和运用能力。中、高年级（三、四、五、六年级）主要依托单元测试、期末测试的成绩进行评价。

（3）评价方法

低段(一、二年级)记录式评价:每单元结束,教师对学生本单元学习过的科学词汇掌握情况进行考察。

中段(三、四年级)数据型评价:教师对学生单元评估和期末测试成绩进行统计。

高段(五、六年级)数据型评价:教师对学生单元评估和期末测试成绩进行统计。

低段(一、二年级)评价标准:

A等级:能把本单元所学习科学词汇的90%及以上用语言表达出来。

B等级:能把本单元所学习科学词汇的70%～89%用语言表达出来。

C等级:本单元所学习科学词汇用语言表达出来的数量不足70%。

中段(三、四年级)评价标准:

A等级:单元评估三次及以上优秀,期末笔试测试准确率90%及以上。

B等级:单元评估二次及以上优秀,期末笔试测试准确率75%～89%。

C等级:单元评估均为合格及以上,期末笔试测试准确率60%～74%。

D等级:单元评估情况属于暂缓评定,期末笔试测试准确率60%以下。

高段(五、六年级)评价标准:

A等级:单元评估三次及以上优秀,期末笔试测试准确率85%及以上。

B等级:单元评估二次及以上优秀,期末笔试测试准确率75%～84%。

C等级:单元评估均为合格及以上,期末笔试测试准确率60%～74%。

D等级:单元评估情况属于暂缓评定,期末笔试测试准确率60%以下。

2.实验技能

（1）等级标准

A等级:能够按照实验要求与同伴完成实验,小组合作能力佳,期末实验测试优秀。

B等级:能够按照实验要求与同伴完成实验,小组合作能力一般,期末实验测试良好。

C等级:能够按照实验要求与同伴完成实验,小组合作能力欠佳,实验测试合格。

D等级:期末实验测试待合格。

(2) 评价依托

低段(一、二年级)主要依托学生课堂中实验完成质量、小组合作情况。每单元设计一个实验进行综合评价。

中、高段(三、四、五、六年级)依托期末实验能力测试的实际成绩进行评价。

(3) 评价方法

低段(一、二年级)评价方法:

A等级:课堂实验完成质量高,合作能力强。能独立完成单元实验,并能充分说明实验原理。

B等级:课堂实验完成质量较高,合作能力较强。单元实验需要老师稍加提醒,能大概说明实验原理。

C等级:课堂实验完成质量一般,合作能力一般。单元实验中需要老师提醒,不太理解实验原理。

中段(三、四年级)评价方法:

A等级:期末实验测试得分在90%及以上。

B等级:期末实验测试得分在75%~89%。

C等级:期末实验测试得分在60%~74%。

D等级:期末实验测试得分在59%及以下。

高段(五、六年级)评价方法:

A等级:期末实验测试得分在85%及以上。

B等级:期末实验测试得分在75%~85%。

C等级:期末实验测试得分在60%~74%。

D等级:期末实验测试得分在59%及以下。

3. 学科兴趣

(1) 等级标准

A等级:对科学学科兴趣浓厚,上课时能积极举手发言,经常自主开展科学探究。

B等级：对科学学科兴趣一般，上课时能举手发言，能自主开展科学探究。

C等级：对科学学科兴趣较淡薄，上课时举手发言次数较少，且未自主开展科学探究。

（2）评价依托

科学兴趣的等级主要依托教师的课堂观察和学生课堂上回答问题的频次来进行评价。

（3）评价方法

记录式评价：教师记录学生的课堂表现，统计发言情况。每个学期期中、期末各统计一次，整理统计数据后得出评价结果。

A等级：参与发言的课堂数量达到统计课堂总数的60%及以上，或经常自主开展科学探究活动并与老师、同学交流。

B等级：参与发言的课堂数量在统计课堂总数的40%~59%之间，或自主开展科学探究活动并与老师、同学交流。

C等级：参与发言的课堂数量在统计课堂总数的39%以下，且未开展科学探究活动并与老师、同学交流。

4.探究能力

（1）等级标准

A等级：乐于尝试一切方法进行实验探究，并有自己的想法。

B等级：愿意尝试一些方法进行探究，有自己的观点。

C等级：在老师的鼓励下愿意进行科学探究。

（2）评价依托

每节课结束后评价学生活动手册，完成非常认真的学生评为A(三星)，较为认真的评为B(二星)，完成质量较差的评为C(一星)。每单元结束后汇总信息。学生完成每次假期家庭实验室作业并及时反馈给教师。学生参与科学类校本课程如科学家课程所获得的评价，可视作评价成绩。

（3）评价方法

A等级：科学课活动记录评价获A等级占总记录要求的90%及以上，一学期认真完成2次及以上家庭实验。

B等级:科学课活动记录评价获A等级占总记录要求的60~89%,一学期认真完成1次及以上次家庭实验。

C等级:科学课活动记录评价获A等级占总记录要求的60%以下,一学期没有进行过家庭实验。

5.合作能力

(1)等级标准

A等级:在科学学科各项需要开展合作学习的活动中,能很好地融入团队,合作小组在分工合作的合理性、团队活动的效率及学习成果的展示三个方面均达到很好的效果。

B等级:在科学学科各项需要开展合作学习的活动中,能较好地融入团队,合作小组在分工合作的合理性、团队活动的效率及学习成果的展示三个方面中,有两个方面达到较好的效果。

C等级:在科学学科各项需要开展合作学习的活动中,不能很好地融入团队,合作小组在分工合作的合理性、团队活动的效率及学习成果的展示三个方面中,仅一个方面达到较好效果(或三方面均未达到效果)。

(2)评价依托

记录、评价学生每次合作学习情况,合作学习达成度高的学生评为A(三星),较高的评为B(二星),完成质量较差的评为C(一星)。每月结束后汇总信息。学生合作完成假期家庭实验室作业并及时反馈给教师,学生参与科学类校本课程如科学家课程所获得的评价,可视作评价成绩。

(3)评价方法

期中、期末各进行一次评价,根据平时记录数据汇总统计评价。

A等级:每次合作学习评价获A等级占总评价记录要求的90%及以上。

B等级:每次合作学习评价获A等级占总评价记录要求的60~89%。

C等级:每次合作学习评价获A等级占总评价记录要求的60%以下。

6.科学思维

（1）等级标准

A等级：对探究对象充满理性想象力，在书面或口头交流中理性分享自己的想法。

B等级：对探究对象具有理性想象力，在书面或口头交流中较理性地分享自己的想法。

C等级：对探究对象缺乏理性想象力，在书面或口头交流中无法理性地分享自己的想法。

（2）评价依托

教师通过课堂提问及作业反馈，对学生展示的思维过程进行评价。

（3）评价方法

A等级：学生的回答或作业反馈理性分享了自己的想法，或充满了理性想象力，每学期有2次及以上评价因此而获班级最优。

B等级：学生的回答或作业反馈理性分享了自己的想法，或充满了理性想象力，每学期有1次评价因此而获班级最优。

C等级：学生的回答或作业反馈无法理性地分享自己的想法，对探究对象缺乏理性想象力，从未获得班级最优评价。

7.科学态度

（1）等级标准

A等级：对身边的事物充满好奇心，对于不同于自己观点的问题提出质疑，并且能努力探究证明自己的观点。

B等级：对身边的事物有一定的好奇心，对于不同于自己观点的问题偶尔提出质疑，偶尔能努力探究尝试证明自己的观点。

C等级：对身边的事物没有明显的好奇心，对于不同于自己观点的问题不提出质疑，不进行探究。

（2）评价依托

主要通过教师的课堂观察，结合科学类校本课程评价，以及在每次学习反馈中，对学生提问情况的评价。

（3）评价方法

教师记录学生的课堂表现，并通过学情反馈单评价学生的提问情况。期中、期末各评价一次。

A等级：能积极提出自己的疑问，每次反馈能提出2个有价值的问题。对于不同于自己观点的问题提出质疑，并且能证明自己的观点。

B等级：能偶尔提出自己的疑问，每次反馈能提出1个有价值的问题。对于不同于自己观点的问题偶尔提出质疑，但是欠缺证明自己观点的能力。

C等级：不会提出自己的疑问，不能在反馈中提出有价值的问题。对于不同于自己观点的问题不提出质疑。

表3-32　《音乐》分项评价方案

内容	综合	项目	等级
音乐		识谱	
		演唱	
		演奏	
		表演	
		欣赏	
		编创	

1. 识谱

（1）等级标准

A等级：上课认真，能通过课堂学习扎实掌握音乐记号并加以表现，能视唱乐谱。

B等级：上课认真，能通过课堂学习基本掌握音乐记号并加以表现，能视唱单音。

C等级：上课较认真，能通过课堂学习基本掌握音乐记号。

D等级：知识掌握情况差，不认真进行识读乐谱的活动。

（2）评价依托

主要依托国家规定音乐教材和艺术类校本课程、主题学习课程及学校文艺节等相关课程与活动进行评价。

（3）评价方法

记录式评价：结合课堂中的教学内容认识节奏符号、音名、音符、休止符及一些常用记号，并能用声音、语言、身体动作加以表现。能视唱已经学会的歌曲。

数值型评价：期中、期末可出一张"第×册音乐知识学习单"，根据分值进行评价：得分8分以上为A，得分6～7分为B，得分4～5为C，得分3分以下为D。

低段（一、二年级）评价标准：

A等级：能够用唱名模唱简单乐谱，认识简单的节奏符号，能够用声音、语言、身体动作表现简单的节奏。

B等级：认识简单的节奏符号，能够用声音、语言、身体动作表现简单的节奏。

C等级：能够用声音、语言、身体动作表现简单的节奏。

D等级：认识唱名，但不能模唱简单乐谱。

中段（三、四年级）评价标准：

A等级：结合所学歌曲认识音名、音符、休止符及一些常用记号，熟练掌握并加以表现。能视唱歌曲中老师指定的乐谱。

B等级：结合所学歌曲认识音名、音符、休止符及一些常用记号，基本掌握并加以表现。能够用唱名模唱简单乐谱

C等级：结合所学歌曲认识音名、音符、休止符及一些常用记号，基本掌握并加以表现。

D等级：只能认识一半的音名、音符、休止符及一些常用记号。

高段（五、六年级）评价标准：

A等级：结合所学歌曲认识音名、音符、休止符及一些常用记号，熟练掌握并加以表现。用已经学会的歌曲学唱乐谱。

B等级：结合所学歌曲认识音名、音符、休止符及一些常用记号，熟练掌握并加以表现。能视唱歌曲中老师指定的乐谱。

C等级：结合所学歌曲认识音名、音符、休止符及一些常用记号，熟练掌握

并加以表现。能够用唱名模唱简单乐谱

D等级:结合所学歌曲认识音名、音符、休止符及一些常用记号,熟练掌握并加以表现。

2. 演唱

(1) 等级标准

A等级:能自信愉快地参与各种演唱活动,每学年能够背唱歌曲4~6首。

B等级:能认真地参与各种演唱活动,每学年能够背唱歌曲2~3首。

C等级:能较认真地参与齐唱,每学年能够背唱歌曲1首。

D等级:上课不专心,不能正确地演唱教材中的歌曲。

(2) 评价依托

主要依托国家规定的音乐教材和艺术类校本课程、主题学习课程及学校文艺节等相关课程与活动进行评价。

(3) 评价方法

记录式评价:对歌唱教学进行随堂即时记录,可以记录学生常规音乐课中歌曲演唱的情况。也可以是期末才艺展示、艺术类校本课程、主题学习课程及学校文艺节等相关课程与活动中的演唱表现。

低段(一、二年级)评价标准:

A等级:乐于参与演唱,有表情地独唱或参与齐唱。每学年能够背唱歌曲4~6首。

B等级:能用自然的声音独唱或参与齐唱,每学年能够背唱歌曲2~4首。

C等级:知道演唱的正确姿势,能够参与齐唱歌曲1首。

D等级:不能正确地演唱教材中的歌曲。

中段(三、四年级)评价标准:

A等级:知道演唱的呼吸方法,并能在唱歌实践中逐步掌握和运用。每学年能够背唱歌曲4~6首。

B等级:能用自然的声音、准确的节奏和音调有表情地独唱,参与齐唱、合唱。每学年能够背唱歌曲2~3首。

C等级:能用自然的声音、准确的节奏参与齐唱。每学年能够背唱歌曲1~2首。

D等级：不能正确地演唱教材中的歌曲。

高段（五、六年级）评价标准：

A等级：能用优美的声音，自信地独唱，参与齐唱、合唱。并对自己和他人的演唱作简单评价。每学年能够背唱歌曲4~6首。

B等级：能够用自然的声音、准确的节奏和音调有表情地独唱，参与齐唱、合唱。每学年能够背唱歌曲2~3首。

C等级：能够用自然的声音、准确的节奏和音调独唱，参与齐唱。每学年能够背唱歌曲2~3首。

D等级：不能正确地演唱教材中的歌曲。

3.演奏

（1）等级标准

A等级：总是能准确地找到音乐的节奏，并运用打击乐器或肢体语言加以表现。能带领组员进行合奏。

B等级：能找到音乐的节奏，并运用打击乐器或肢体语言为歌曲或乐曲伴奏。小组合作较好。

C等级：小组的合作意识差，但能用打击乐器或肢体语言为歌曲或乐曲伴奏。

D等级：上课不专心，总是找不到音乐的节奏，伴奏比同学慢或者快。

（2）评价依托

主要依托国家规定音乐教材和艺术类小本课程、主题学习课程及学校文艺节等相关课程与活动进行评价。

（3）评价方法

记录式评价：感受自然界和生活中的各种声音，用自己的声音或打击乐器进行模仿。

能熟练掌握课堂乐器的演奏方法，并对歌曲或乐曲进行伴奏。

能够根据老师的提示，在歌曲或乐曲指定的地方，用多种肢体语言来表达听到的旋律。

低段(一、二年级)评价标准

A等级:感受自然界和生活中的各种声音,能够用自己的声音或打击乐器进行模仿。熟练掌握3~4件课堂乐器的演奏方法,并对歌曲或乐曲进行伴奏。

B等级:感受自然界和生活中的各种声音。能够用自己的声音或打击乐器进行模仿。熟练掌握2件课堂乐器的演奏方法,并对歌曲或乐曲进行伴奏。

C等级:感受自然界和生活中的各种声音。能够用自己的声音或打击乐器进行模仿。

D等级:能感受自然界和生活中的各种声音。但不能选择正确的乐器进行模仿。

中段(三、四年级)评价标准:

A等级:能熟练掌握4~5件课堂乐器的演奏方法,小组合作,对歌曲或乐曲进行两声部伴奏。能够根据老师的提示,在歌曲或乐曲指定的地方,用多种肢体语言来表达听到的旋律。

B等级:能熟练掌握2~3件课堂乐器的演奏方法,并对歌曲或乐曲进行伴奏。能够根据老师的提示,在歌曲或乐曲指定的地方,用多种肢体语言来表达听到的旋律。

C等级:能熟练掌握1件课堂乐器的演奏方法,并对歌曲或乐曲进行伴奏。

D等级:找不准音乐的节奏,伴奏总比同学慢或者快。

高段(五、六年级)评价标准:

A等级:能熟练掌握6~7件课堂乐器的演奏方法,小组合作,对歌曲或乐曲进行多声部伴奏。能够根据老师的提示,在歌曲或乐曲指定的地方,用多种肢体语言来表达听到的旋律。

B等级:能熟练掌握4~5件课堂乐器的演奏方法,小组合作,对歌曲或乐曲进行两声部伴奏。能够根据老师的提示,在歌曲或乐曲指定的地方,用多种肢体语言来表达听到的旋律。

C等级:熟练掌握3~4件课堂乐器的演奏方法,并对歌曲或乐曲进行伴奏。能够根据老师的提示,在歌曲或乐曲指定的地方,用多种肢体语言来表达听到的旋律。

D等级：找不准音乐的节奏，伴奏总比同学慢或者快。

4.表演

（1）等级标准

A等级：有自信地参与音乐表演活动，能在表演活动中担任角色，小组合作能力佳。

B等级：能够认真参与音乐表演活动，小组合作能力较好。

C等级：能够较认真参与音乐表演活动，偶尔参与1～2次小组合作。

D等级：上课不专心，不能很好地参与课堂。

（2）评价依托

主要依托国家规定的音乐教材和艺术类校本课程、主题学习课程及学校文艺节等相关课程与活动进行评价。

（3）评价方法

记录式评价：能够主动地参与综合性艺术表演活动，在有情节的音乐表演活动中担当一个角色，并从中获得乐趣。

能够配合歌曲、乐曲用身体做动作。

能够在律动、集体舞、音乐游戏、歌唱表演等活动中与他人合作。

能够对自己、他人的表演进行简单的评论。

低段（一、二年级）评价标准：

A等级：能够配合歌曲、乐曲用身体做动作。能够在律动、音乐游戏、歌唱表演等活动中与他人合作。

B等级：能够配合歌曲用身体做动作。能够在律动、音乐游戏等活动中与他人合作。

C等级：能够配合歌曲、乐曲用身体做动作。

D等级：不能认真参与课堂练习，上课不专心。

中段（三、四年级）评价标准：

A等级：能够参与综合性艺术表演活动，在简单的音乐表演活动中担当一个角色，并从中获得乐趣。

B等级：能够配合歌曲、乐曲用身体做动作。能够在律动、集体舞、音乐游戏、歌唱表演等活动中与他人合作。

C等级：能够配合歌曲、乐曲用身体做动作。

D等级：不能认真参与课堂练习，上课不专心。

高段（五、六年级）评价标准：

A等级：能够主动地参与综合性艺术表演活动，在有情节的音乐表演活动中担当一个角色，并从中获得乐趣。并能对自己、他人的表演进行简单的评论。

B等级：能够配合歌曲、乐曲用身体做动作。能够在律动、集体舞、音乐游戏、歌唱表演等活动中与他人合作。

C等级：能够配合歌曲、乐曲用身体做动作。

D等级：不能认真参与课堂练习，上课不专心。

5.欣赏

（1）等级标准

A等级：有良好的欣赏习惯，认真参与课堂练习，积极举手发言，对音乐有自己的见解。

B等级：有较好的欣赏习惯，认真参与课堂学习，经常举手发言，能正确理解音乐。

C等级：上课认真，也能较认真地参与课堂学习，但举手发言不积极。

D等级：上课不专心，不能很好地参与课堂学习。

（2）评价依托

主要依托国家规定的音乐教材和艺术类校本课程、主题学习课程及学校文艺节等相关课程与活动进行评价。

（3）评价方法

记录式评价：关注歌曲和乐曲中的音乐表现要素，音乐情绪与情感、体裁与形式、风格与流派等，对学生进行即时评价。

数据式评价：单元课后活页练习、期末游戏宫测试，根据得分录入评价。

低段（一、二年级）评价标准：

A等级：能用肢体语言表示音的高低。

能够感受并描述音乐中力度、速度、情绪、音色的变化。

能分辨3～4个不同体裁和形式的音乐作品。

能分辨1～2个不同风格和流派的声乐曲。

B等级：能用肢体语言表示音的高低。

能够感受并描述音乐中力度、速度、情绪、音色的变化。

能分辨1～2个不同体裁和形式的音乐作品。

C等级：能用肢体语言表示音的高低。

能够感受并描述音乐中力度、速度、情绪、音色的变化。

D等级：不能认真参与课堂学习，上课不专心。

中段（三、四年级）评价标准：

A等级：能够初步辨别节拍的不同，并用肢体语言表现旋律的高低、快慢、强弱。

能够感受并描述音乐中力度、速度、情绪、音色的变化。

能分辨3～4个不同体裁和形式的音乐作品。

能分辨3～4个不同风格和流派的声乐或器乐曲。

B等级：能够初步辨别节拍的不同，并用肢体语言表现旋律的高低、快慢、强弱。

能够感受并描述音乐中力度、速度、情绪、音色的变化。

能分辨1～2个不同体裁和形式的音乐作品。

能分辨1～2个不同风格和流派的声乐或器乐曲。

C等级：能够初步辨别节拍的不同，并用肢体语言表现旋律的高低、快慢、强弱。

能够感受并描述音乐中力度、速度、情绪、音色的变化。

D等级：对音乐表现要素理解不正确，不能正确感受和表现。

高段（五、六年级）评价标准：

A等级：能够说明人声的音色特点，能够说明6～7件中外乐器的分类，并能听辨其音色。

能够感受并描述音乐中力度、速度、情绪的变化。

能分辨5～6个不同体裁和形式的音乐作品。

能分辨5～6个不同风格和流派的声乐或器乐曲。

B等级：能够说明人声的音色特点，能够说明4～5件中外乐器的分类，并能听辨其音色。

能够感受并描述音乐中力度、速度、情绪的变化。

能分辨3～4个不同体裁和形式的音乐作品。

能分辨3～4个不同风格和流派的声乐或器乐曲。

C等级：能够说明1～2种人声的音色特点，能够说明1～2件中外乐器的分类，并能听辨其音色。

能够感受并描述音乐中力度、速度、情绪的变化。

能分辨1～2个不同体裁和形式的音乐作品。

能分辨1～2个不同风格和流派的声乐或器乐曲。

D等级：能够说明1～2种人声的音色特点，能够说明1～2件中外乐器的分类，并能听辨其音色。

能够感受并描述音乐中力度、速度、情绪的变化。

不能感知音乐的色彩和形式、风格和流派。

6. 编创

（1）等级标准

A等级：乐于参与音乐创编活动，小组合作佳，编创内容符合要求。

B等级：愿意尝试一些方法进行编创活动，小组合作较好，有自己的观点。

C等级：能在老师的鼓励下参与编创活动。

D等级：上课不专心，不能很好地参与课堂学习。

（2）评价依托

主要依托国家规定的音乐教材和艺术类校本课程、主题学习课程及学校文艺节等相关课程与活动进行评价。

（3）评价方法

记录式评价：在欣赏教学、歌唱教学和音乐游戏等活动中展开的一系列编创活动，并对学生的表现进行随堂即时记录。

数据式评价:单元课后活页练习,根据得分录入评价。

低段(一、二年级)评价标准:

A等级:能够在唱歌或聆听音乐时即兴地做动作,能够运用人声、乐器声模仿自然界或生活中的声音,能小组合作编创1~2小节节奏。

B等级:能够在唱歌或聆听音乐时即兴地做动作,能小组合作编创1~2小节节奏。

C等级:能够在唱歌或聆听音乐时即兴地做动作。

D等级:只能在老师的引领下跟随老师或同学的动作表现。

中段(三、四年级)评价标准:

A等级:能够将成语、短句、诗歌或歌词用不同的节奏、速度、力度等加以表现。能够小组合作用课堂乐器或其他音源即兴配合音乐故事。能小组合作编创2~4小节节奏和旋律。

B等级:能够即兴创编同歌曲情绪一致的律动或舞蹈,并参与表演。能小组合作编创2~4小节节奏和旋律。

C等级:能够在唱歌或聆听音乐时即兴地做动作。

D等级:在歌唱表演或欣赏时只是唱或听。

高段(五、六年级)评价标准:

A等级:能够以各种音源及不同的音乐表现形式,即兴创编音乐故事、音乐游戏并参与小组表演。能够独立编创4~6小节旋律。

B等级:能够以各种音源及不同的音乐表现形式,即兴创编音乐故事,并参与小组表演。能够独立编创2~3小节旋律。

C等级:能够在唱歌或聆听音乐时即兴地做动作。

D等级:不愿参与编创活动,音乐活动时脱离群体。

表3-33 《美术》分项评价方案

内容	综合	项目	等级
美术书法		美基	
		造型	
		构图	
		色彩	
		创意	
		书法	
		兴趣	
		习惯	

1. 美基

（1）等级标准

表3-34 "美基"等级标准

美基	A	基本符合	1. 掌握本年段教材内的基本美术知识。
	B	大部分符合	2. 熟练运用本年段教材内涉及的制作方法。
	C	小部分符合	3. 认识了解至少1位画家及代表作。
	待定	不能达到要求	4. 了解课外不同领域的美术知识与见闻。

（2）评价依托

本项目主要是了解学生对美术基础知识和基础技能的掌握及运用情况。根据美术课程标准的要求，主要依托国家规定美术教材及学校相关课程进行评价。涉及的考核题目尽量是在学生实践体验基础上提炼的方法和一些最基础的美术色彩知识、透视构图、民间美术形式、名画欣赏等。

一年级:认识图形、线条,辨别6种以上色彩,对泥材、纸材的组合装饰。

二年级:辨别12种以上的颜色,折、叠、揉、搓、压等方法对称剪花边等。

三年级:剪贴、折叠、切挖、组合等方法,简易版画,初识肌理、三原色、三间色、立体建筑、连续剪纸、南宋官窑、兵马俑、活字印刷等。

四年级:墨色浓淡、色彩冷暖、速写、漫画、玉器、青铜器、清明上河图、剪纸、名家欣赏等。

五年级:对比色、邻近色、写生、立体造型、设计招贴、敦煌、皮影、漆器、传世名作等。

六年级:水墨画人、立体造型、包装设计、简易动画、创意联想、金银器、青花瓷、中国民间文化、名家名画等。

(3)评价方法

记录式评价:课堂中回答问题,发表意见时的随堂记录。

测试式评价:随堂书面小测试,或者阶段书面闯关。

(4)评价建议

一、二年级:建议在活动体验中了解学生认识图形、线条、色彩的情况。

三至六年级:建议期中、期末两次书面检验,学期中是两次主课重要知识点的随堂记录。

2. 造型

(1)等级标准

表3-35 "造型"等级标准

			一、二年级	三、四年级	五、六年级
造型	A	基本符合	1.用线大胆。 2.造型大胆。 3.有局部细节描绘。	1.用线大胆流畅。 2.造型大胆生动。 3.关注细节描绘。 4.比例比较适当。	1.线条流畅,富有变化。 2.造型生动,表现大胆。 3.塑造深入,关注细节。 4.比例适当,整体协调。
	B	大部分符合			
	C	小部分符合			
	待定	不能达到要求			

（2）评价依托

主要依托国家规定的美术教材和艺术类校本课程、主题学习课程及学校文艺节等相关课程与活动进行评价。涉及内容是偏重于造型,表现领域和设计及应用领域的具体课程。

（3）评价方法

记录式评价:对美术作品的随堂记录。

活动式评价:相关主题的活动,比如速写、工艺、设计等。

（4）评价建议

因一幅美术作品往往涉及造型、构图、色彩、创意等多项纪录,故要做好学期计划和作业记载表。同一阶段内的多幅作品,可以集中统计求平均值,也可以按主题,以一幅终极作品的方式呈现,以此为依据作阶段评定。

3.构图

（1）等级标准

表3-36 "构图"等级标准

<table>
<tr><td rowspan="4">构图</td><td>A</td><td>基本符合</td><td rowspan="4">一、二年级
1.主题明确。
2.内容丰富。
3.主次分明。</td><td rowspan="4">三、四年级
1.主题明确有意义。
2.内容丰富完整。
3.主次分明,有变化。</td><td rowspan="4">五、六年级
1.主题明确,积极健康。
2.主次分明,统一变化。
3.作品完整,内容丰富。
4.合理安排,组织协调。</td></tr>
<tr><td>B</td><td>大部分符合</td></tr>
<tr><td>C</td><td>小部分符合</td></tr>
<tr><td>待定</td><td>不能达到要求</td></tr>
</table>

（2）评价依托

主要依托国家规定美术教材和艺术类校本课程、主题学习课程及学校文艺节等相关课程与活动进行评价。涉及内容是偏重于造型,表现领域和设计及应用领域的具体课程。

（3）评价方法

记录式评价:对美术作品的随堂记录。

活动式评价:相关主题的活动,比如速写、工艺、设计等。

4.色彩

（1）等级标准

表3-37　"色彩"等级标准

色彩	A	基本符合	一、二年级 1.涂色均匀整洁。 2.色彩丰富饱满。 3.适当搭配有变化。	三、四年级 1.涂色细致,画面整洁。 2.色调鲜明,生动饱满。 3.层次分明,浓淡有变。	五、六年级 1.涂色细致,画面整洁。 2.色调鲜明,生动饱满。 3.层次分明,浓淡有变。 4.恰当处理,搭配协调。
	B	大部分符合			
	C	小部分符合			
	待定	不能达到要求			

（2）评价依托

主要依托国家规定的美术教材和艺术类校本课程、主题学习课程及学校文艺节等相关课程与活动进行评价。涉及内容是偏重于造型,表现领域和设计及应用领域的具体课程。

（3）评价方法

记录式评价:对美术作品的随堂记录。

活动式评价:相关主题的活动,比如速写、工艺、设计等。

5.创意

（1）等级标准

表3-38　"创意"等级标准

创意	A	基本符合	1.大胆表达,观点独特。 2.想象丰富,积极参与。 3.题材新颖,富有个性。 4.方法创新,灵活运用。
	B	大部分符合	
	C	小部分符合	
	待定	不能达到要求	

（2）评价依托

主要依托国家规定的美术教材和艺术类校本课程、主题学习课程及学校文艺节等相关课程与活动进行评价。因涉及各个学科领域，可侧重于造型，表现领域和设计及应用领域的具体课程。

（3）评价方法

记录式评价：对美术作品的随堂记录。

活动式评价：相关主题的活动，比如速写、工艺、设计等。

6. 书法

（1）等级标准

表3-39 "书法"等级标准

			小学3～4年级	小学5～6年级
书法 （3-6）	A	基本符合	1.掌握毛笔的执笔要领和正确的书写姿势，了解常用书写用具的常识，学会正确使用与护理。注意保持书写环境的整洁。 2.掌握临摹的基本方法，学会楷书基本笔画的写法，初步掌握起笔、行笔、收笔的基本方法。 3.认识楷书经典碑帖，积极尝试集字练习。	1.比较熟练地掌握毛笔运笔方法。逐步做到笔画规范，结构匀称，端正美观。保持正确的书写姿势和良好的书写习惯。 2.临摹楷书经典碑帖，体会其书写特点，逐步提高临摹能力。 3.学习欣赏书法作品。了解常见的书法作品幅式。初识篆、隶、草、楷、行五种字体。 4.有初步的书法应用意识，喜欢在学习和生活中运用自己的书写技能。
	B	大部分符合		
	C	小部分符合		
	待定	不能达到要求		

（2）评价依托

主要依托书法写字课、学校文艺节、国际文化节中与书法相关的课程与活动，如新年送"福"等进行。

（3）评价方法

记录式评价：随堂记录学生的课堂表现、课堂书写的完成情况和质量。

展示式评价：书写优秀或者进步明显的作品在书法专用教室进行作品展示，及在相关主题的活动，如文艺节上做个人书法展等。

（4）评价建议

本指标着重针对三到六年级展开，书法是国之精粹，在众多艺术表现形式中单列出来，是引导学生参与祖国文化的传承，从小树立国学思想，建立标签，增强民族自豪感。

当本年度没有实操课时，建议从书法欣赏、正确书写、书写习惯等角度评定。

7. 兴趣

（1）等级标准

表3-40　"兴趣"等级标准

兴趣	A	基本符合	1.对美术学习有兴趣。 2.积极参与美术实践。 3.积极发言，表述清楚。 4.团结同伴，善于合作。
	B	大部分符合	
	C	小部分符合	
	待定	不能达到要求	

（2）评价依托

主要依托国家规定的小学生行为规范和崇文课堂规范进行评价。

（3）评价方法

记录式评价：从参与、发言、合作、作业成果等方面记录，每个阶段统计一次数据。

（4）评价建议

建议发挥学生的能动性，培养小助手，协助老师做好记录。

建议侧重学生参与鉴赏性学习活动为主。

8.习惯

（1）等级标准

表3-41　"习惯"等级标准

习惯	A	基本符合	1.做好课前准备,工具齐全,学习状态好。 2.课堂上专心听讲,积极参与。 3.作业完成及时认真。 4.做好课后整理,环境整洁。
	B	大部分符合	
	C	小部分符合	
	待定	不能达到要求	

（2）评价依托

主要依托国家规定的小学生行为规范和崇文美术学习常规进行评价。

（3）评价方法

记录式评价:从课前准备、课堂表现、课后整理几个方面记录,每个阶段统计一次数据。统计学具、纪律、作业、卫生等小部分符合C或者不达标D的次数,阶段等级以每位老师具体实施及评定方案科学设定。

（4）评价建议

建议发挥学生能动性,培养小助手,协助老师做好记录。

表3-42　《信息》分项评价方案

姓名	×××	总课时	15
评价项目	评价等级	评价标准	
技术习惯	A	A.规范使用ipad,开关机操作正确,能正确使用操作ipad,素材清理到位,一学期发现没有规范操作ipad的次数在2次及以内。 B.规范使用ipad,开关机操作正确,能正确使用操作ipad,素材清理基本到位,一学期发现没有规范操作ipad的次数在4次及以内。 C.规范使用ipad,开关机操作正确,能使用操作ipad,素材清理基本到位,一学期发现没有规范操作ipad的次数在4次及以上。	

评价项目	评价等级	评价标准
感知信息	A	A.深知信息的内涵,熟练说出信息的表现形式和各类应用领域,熟悉古今人类对于信息的获取、传递、存储和处理方式,能熟练使用计算机进行信息的获取、加工和发布。 B.了解信息的内涵,理解信息存在的多样性,了解不同信息的作用,了解古今人类对于信息的获取、传递、存储和处理方式,能使用计算机进行信息的获取、加工和发布。 C.感知信息在我们的生活中无处不在,了解信息处理的一般过程,知道计算机能通过不用应用程序可以实现不同的工作。
媒体制作	A	A.了解各类演示文稿软件的特点,熟练掌握在Keynote中添加文字、图片、动画、音视频等方法,并能根据主题需要进行调整与合理的布局。 B.了解Keynote软件的特点,感知演示文稿的作用,掌握添加文字、图片和动画的方法,能制作图文并茂的PPT。 C.认识Keynote的操作界面,了解Keynote中文字、图片、动画、放映等基本操作,能制作符合主题的简单的演示文稿。
综合应用	A	A.能针对一项主题制作符合内容的演示文稿,自主设计,灵活运用各类文字、图片处理方法,进行合理的动画设置,有良好的版面布局意识,融入自己独特的创意,能正确欣赏和评价他人作品,能借助演示文稿进行大方的演说。 B.能针对一项主题制作符合内容的演示文稿,图文并茂,美观整齐,页面布局合理,有恰当合理的动画效果和动画顺序,有一定的自主设计,能正确欣赏和评价他人作品。 C.能针对一项主题制作符合内容的演示文稿,能对文字和图片进行简单的处理与排版,有简单的动画效果。
履历·建议		

1.技术习惯

(1) 评价标准

A.规范使用ipad,开关机操作正确,能正确使用操作ipad,素材清理到位,一学期发现没有规范操作ipad的次数在2次及以内。

B.规范使用ipad,开关机操作正确,能正确使用操作ipad,素材清理基本到位,一学期发现没有规范操作ipad的次数在4次及以内。

C.规范使用ipad,开关机操作正确,能使用操作ipad,素材清理基本到位,一学期发现没有规范操作ipad的次数在4次及以上。

(2)评价依托:基于信息技术课堂。

(3)评价方法:以课堂常规记录为主,通过每节课课前、课中和课后的观察进行记录,具体由小组组长和老师共同完成。

2.感知信息

(1)评价标准

A.深知信息的内涵,熟练说出信息的表现形式和各类应用领域,熟悉古今人类对于信息的获取、传递、存储和处理方式,能熟练使用计算机进行信息的获取、加工和发布。

B.了解信息的内涵,理解信息存在的多样性,了解不同信息的作用,了解古今人类对于信息的获取、传递、存储和处理方式,能使用计算机进行信息的获取、加工和发布。

C.感知信息在我们的生活中无处不在,了解信息处理的一般过程,知道计算机能通过不同应用程序可以实现不同的工作。

(2)评价依托:基于信息技术课堂。

(3)评价方法:通过每节课学习情况进行记录,并结合单元学习测试进行反馈与评价。

3.媒体制作

(1)评价标准

A.了解各类演示文稿软件的特点,熟练掌握在Keynote中添加文字、图片、动画、音视频等方法,并能根据主题需要进行调整与合理的布局。

B.了解Keynote软件的特点,感知演示文稿的作用,掌握添加文字、图片和动画的方法,能制作图文并茂的PPT。

C.认识Keynote的操作界面,了解Keynote中文字、图片、动画、放映等基本操作,能制作符合主题的简单的演示文稿。

（2）评价依托：基于信息技术课堂。

（3）评价方法：以课堂任务形式记录，教师通过每节课学生作品制作情况进行反馈。

4.综合应用

（1）评价标准

A.能针对一项主题制作符合内容的演示文稿，自主设计，灵活运用各类文字、图片处理方法，进行合理的动画设置，有良好的版面布局意识，融入自己独特的创意，能正确欣赏和评价他人作品，能借助演示文稿进行大方的演说。

B.能针对一项主题制作符合内容的演示文稿，图文并茂，美观整齐，页面布局合理，有恰当合理的动画效果和动画顺序，有一定的自主设计，能正确欣赏和评价他人作品。

C.能针对一项主题制作符合内容的演示文稿，能对文字和图片进行简单的处理与排版，有简单的动画效果。

（2）评价依托：基于信息技术课堂。

（3）评价方法：以综合练习作品情况进行评价，并通过课堂观察进行记录，具体由老师和学生进行评价。

第四章　崇文多元评价的任务评价

课程评价是一种基于一定价值观,对课程的横向构成系统和纵向实施环节进行跟踪调查、反馈调节和价值判断的过程,它旨在促进课程的平衡发展。课程评价一方面突出了课程评价的课程属性,表达课程评价的对象和范畴,另一方面又凸显了课程评价的评价本质,即进行价值判断。因此,课程评价包含了课程本质、评价理念、评价标准、评价目的与功能、评价范畴、评价内容、评价主体以及评价方法等评价要素。其中,课程评价的范畴又涉及课程本身的评价、学生评价、教师评价以及课堂教学评价等内容。

第一节　主题学习评价

一、概念与特点

主题学习,是指在整合当前学科基础上形成的去学科化的围绕一个或多个经过结构化的主题进行综合性学习的评价。主题学习评价以在活动中理解概念掌握技能、在探究中习得方法与能力、在问题解决中感悟知识的联系和提升思维的发展、在学习交往中激发兴趣与潜能并增强合作能力等为主要目标指向。主题成了学习的核心,围绕主题形成的结构化内容成为学习的主要对象。以杜威的"做中学"进步主义学派思想为主要理念,以协同教学、主题活动、专题探究和问题解决等为主要学习表现和评价形式。

主题学习评价有效地达成了学科间的统整,是在整合当前学科基础上形成的去学科化的围绕一个或多个经过结构化的主题进行综合性学习的评价。主题作为学生学习的核心,将同学科间的不同关联知识、不同学科间的相关联内容整合到了一起,学习内容涉及了语文、数学、科学、美术、音乐、道德与法制、环境等领域,学习的方式涵盖了自主阅读学习、有意义的接受学习、探究性学习、合作学习、开放式学习以及移动式学习等,通过对不同学习活动的有效组织开展,对专题进行相对比较深入的综合性认知,从而发展学生的学习能力。学习评价时间为一天或一周,甚至一个月,有效构建了学生学习评价的新格局。将各个知识有机串联形成新的学习结构,更有利于学生对于知识的理解与运用,主题学习评价真正展现了学生真实的学习与发展评价。

主题学习评价以在活动中理解概念掌握技能、在探究中习得方法与能力、在问题解决中感悟知识的联系和提升思维的发展、在学习交往中激发兴趣与潜能并增强合作能力等为主要目标指向。主题学习评价有利于学生更适切地认知事物,加强知识间的联系与提高综合运用能力,有利于学生之间的互动交往,通过合作学习达成高效的学习结果;有利于教师充分关注学生的学习过程、学习风格与学习结果,了解把握学生的学习现状;有利于学生在研究事物的过程中习得良好的思维方式与解决问题的多种方法;有利于学生对知识的完整建构,并能够用联系的眼光看待事物、用多维的视角看待问题。

二、意义与价值

通过主题学习评价,学生学会根据专题收集各类文献资料的方法;通过综合学习掌握相关学科的知识与技能、解决问题的方法以及培养良好的情感;通过学习让学生形成综合的思维方式、多维的观察视角和独特的个性呈现;通过自主、合作、分享等形式在交往互动中提高学习效率;通过学习培养学生研究的意识、创新的思维。因此,相应的主题学习的评价也趋于整合理念下的更高位的评价。主要体现在以下几个方面。

(一)关注学生的整体,体现对生命的尊重

主题学习评价,让不同的学生在同一个主题里都能寻找到展示的机会与

平台,让所有的学生都能建立学习与发展的自信,真正实现学生综合地发展、完整地发展和最优地发展。主题学习评价更关注学生的整体发展,不以单一的学科性知识为主要评价内容,而是更关注学生在主题学习中的整体状态。如学习中的心理状态是否愉悦,从而是否能够保持积极主动的学习状态;在活动中表现出怎样的人际交往能力;在不同的团队中处在怎样的位置,是决策者,还是跟随者,抑或组织者;是否有被孤立排斥的倾向;通过不同的主题学习,是否能够帮助老师对每个学生具有更为立体的认识,从而更客观全面地了解每个学生。主题学习评价,关注的是学生的整体发展,发挥学生的个性优势,同时也包容学生的能力短板,体现了对生命的尊重。

(二)从多维度进行评价,体现对知识的尊重

主题学习评价有效地达成了学科间的统整。主题作为学生学习的核心,将同学科间的不同关联知识、不同学科间的相关联内容整合到了一起,有效构建了学生学习新格局,在减少重复学习的同时也压缩了学习的时间、精力成本,将各个知识有机串联形成新的学习结构,更有利于学生对于知识的理解与运用。主题学习评价真正展现了学生真实的学习能力。知识(学科)本身存在于复杂的、联系的和综合的环境,将知识还原成它本来面貌更有利于学生对知识的习得,对知识与技能的视角也更为饱满。因此,主题学习评价也随之从多维度对学生的学习活动进行评价。不同学科在主题学习中所呈现的学科知识价值通过评价夯实,学生在主题活动中对于学科知识的理解、掌握和运用能力,也通过评价得到客观的反馈。除了对单一学科知识的评价,主题学习评价还重视对学生综合运用多种知识能力的引导,学生根据主题活动参与的需要,将不同学科的知识进行关联与整合。多维度的评价,体现了主题评价对于知识的正确理解和尊重。

(三)关注学生合作探究能力,体现综合素养的培养

主题学习评价拓展了学生学习交往的平台。活动式、探究式、讨论式与体验式的学习方式为学生的学习增强了无限的交往时间和机会,为学生创设了更为广阔的交往平台与机制。主题学习评价提供了更为多维的成长空间。主题内容的选择与结构性组合,给学生的学习与成长提供了更立体多维的媒介,让学习内容的类型、触及宽度、研究深度以及综合学习的能力都得以寻找到有效的支持,学生学习与成长空间得到了最大限度的延伸与拓展。主题学习评价即为学生创建了许多自我展示的机会,通过展示性评价,让学生更加自信地表达自己的观点,呈现个性化学习成果。主题学习评价还注重学生在小组合作中的状态,从小组合作的形式、态度,到小组合作的内容、效果,以及小组合作的成果展示,全程浸润式地了解、评价学生的合作探究能力,体现了主题学习对于学生综合素养的培养。

(四)通过自我评价和相互评价,培养学生评价的能力

主题学习的目的在于塑造学生健全的人格,发展学生的学习力,促进学生最优发展。学生能够客观、全面地评价自己,对自己有着正确的认识,即自我认知,是非常重要的素养。这有利于学生健全心智的养成,有利于学生个性化发展。因此,主题学习评价非常注重学生参与评价的过程。老师给予一定的示范和引导,然后放手让学生参与部分评价。在自我评价的过程中,学生对自我的认识逐渐清晰、丰富起来,这对于自我肯定和自信心的培养也具有非常积极的作用。

除了多种形式的自我评价,主题学习评价也引导学生进行同伴评价。同伴评价是一种交互式的评价,评价的本身也是一次人际交往的实践。在同伴互评的过程中,学生潜移默化地学习欣赏悦纳同伴,学习接受别人的表扬和批评、肯定与建议,学习借鉴同伴的观点、学习成果,从而促进自己的发展。

三、设计与实践

评价以主体性、过程性和发展性评价为主,它应根据学生在学习中的态度、表现和成果的状况,对其优点、学习态度和进步情况进行科学评价,关注学生在已有水平上的发展,关注每个学生的个体差异发展。

按评价对象分为个人评价和团队评价,团队评价只要是对合作小组、学习站进行评价。按评价周期分为即时性评价和延续性评价。按评价方式分为展示性评价和学习单评价。

(一)即时评价

学习活动中教师对学生的表现进行即时的评价,教师要有敏锐的观察力,能够捕捉到学生在课堂上稍纵即逝的闪光点,并加以放大,让一个学生的优秀成为全班学生学习的资源。同样,对于学生"有价值"的错误,老师也要非常敏感,使之成为课堂生成的亮点。因此,这对教师的主题活动把控有着较高的要求。教师要尊重孩子,以生为本,倾听学生的发言,读懂学生的想法。除了对学生的发言进行即时的评价,对于学生自主学习和小组合作的情况,老师也要了然于心。在教学中,老师可以参与到某几个小组的合作学习中去,进行近距离的指导。在主题活动中,如果两位协同老师都能深入到小组学习当中,进行适时的引导、点拨,那么学生的小组合作能力一定会不断提高。主题学习中教师的即时评价优势是明显的,能够及时而直观地指导学生,效果显著。

课例1 妈妈,我爱您

【主题简介】

借助母亲节这个平台,开展以"妈妈,我爱您"为主题的活动,将学科内容和生活有机地整合在一起,通过开展"歌声飞扬""诗情画意""惊喜放送""天马行空"和"创意手工"这五个活动,培养学生关心母亲,尊重母亲,知恩、感恩、报恩的情感,弘扬中华传统美德,让这个活动成为表达爱母孝亲精神的助推器,是孝道教育的最好载体和抓手。在整个活动过程中,培养学生小组合作的意识,提升个体的动手能力和解决问题的能力,促使教育的价值取向从关注活动的结果转向活动的过程,让学生在活动中有所得。

【主题学习目标】

概念与常识:让学生在真实的生活中了解与习得知识。初步感知母亲的伟大、母亲的无所不能与母亲的艰辛。

技能与方法:让学生初步学会或掌握至少一种技能。模仿绘本《我妈妈》的写作手法,尝试进行自主创编。学习如何完成问卷调查和进行图画创作。

过程与体验:让学生在合作中解决问题并得到学习体验的积累。通过制作绘本,书页穿线和制作康乃馨提升解决问题的能力。

情感与价值:让学生在活动中懂得感恩母亲,塑造健全人格。培养学生孝顺母亲,弘扬传统美德,增强社会责任感,塑造健全人格。

【评价策略举例】

活动(四),天马行空,通过绘本《我妈妈》,了解妈妈在生活中扮演着很多角色,感受母爱的伟大。学习绘本之后,引导学生模仿绘本的句式,进行创编,说一说自己的妈妈。运用句式"我妈妈是一个(　　　　)的(　　　　)"和"我妈妈像(　　)一样(　　　　),还像(　　)一样(　　　)"。

这一环节,是整个主题学习活动中最重要的部分,只有学生大胆想象、充分表达,才能设计出充满爱意、诗意与创意的句子,配上图片后,他们为自己的妈妈设计的绘本《我妈妈》才更独特、更个性,更有珍藏价值。因此,老师的即时性评价就特别重要。即时性评价也是一种即时性的引导,帮助学生打开思路,及时阻止"千篇一律"的模仿。例如,当第一个学生说"我妈妈是一个美丽的天使",第二个学生说"我妈妈是一个温柔的天使",随即又有学生说"我妈妈是一个漂亮的公主"时,老师就要通过评价而进行干预与启发。首先肯定他们的句子中都出现了表示妈妈外形或性格特点的词,如"美丽""温柔"和"漂亮"。然后对学生进行启发引导,除了可以把妈妈想象成天使、公主,还可以根据妈妈的特长来夸夸妈妈,比如像绘本故事中提到的"我妈妈是一个手艺特好的大厨师",虽然妈妈不是真的厨师,但是这句话可以看出妈妈特别擅长做菜,那么你的妈妈又擅长什么呢? 于是学生的思路就被打开了。有学生说"我妈妈是一位嗓音甜美的歌唱家"。老师点评学生"嗓音甜美"的用词很棒,"歌唱家"把妈妈擅长唱歌的特点放大了。老师这样肯定既有引导性的评价,又激起了更多的想法,如"我妈妈是一位特别厉害的美容师"(妈妈打扫房间很厉害);"我妈妈是一个很聪明的语言学家"(妈妈是英语培训班的老师);"我妈妈是一位了不起的奋斗者"(妈妈是公司里的部门经理,工作很忙);"我妈妈是一个有魔法的魔术师"(看来妈妈在孩子心目中无所不能)。启发性的即时评价让学生不急着模仿,而是真正去想自己的妈妈到底是个怎样的人。

（二）展示性评价

展示性评价给予了学生展现学习过程，展示学习成果的平台。展示性评价可以持续较长的时间，让学生在一段时间中将学习成果逐渐展示出来，体现了主题学习的过程性。学生在展示的过程中，不断丰富学习成果。因此，展示性评价本身也是一个学习的过程。学生通过观察同伴的学习成果，渐渐深入对主题学习内容的理解和认识，并将同伴的学习成果与自己的学习思考相融合。展示性评价除了展示纸质的学习资料，还可以展示其他形式的学习成果，从而鼓励学生创造性地学习和展示。如，制作视频、音频、动画等多媒体成果，用舞蹈、歌曲、朗诵，甚至戏剧的形式展示等。展示性评价让不同学习特质的学生找到成果发布的舞台，鼓励创新，让学生更加自信。评价的意义在于学生间相互学习和启发，在于引导学生更好地开展深入而持续的学习和思考。

课例2　我和秋天有个约会

【主题简介】

本次主题整合语文、科学、美术、音乐、英语等多个学科，引导学生从文学、音乐、绘画等多个艺术领域感受秋天的魅力，通过小组交流、户外考察，探索秋天的变化，在体验式学习中多元地感知秋天，丰富对秋天的认识。主题活动的空间也是多维度的。校园里，孩子们在两位协同教师的引领下学习关于秋天的诗歌、童话、歌曲、科学知识。到了大自然中，孩子们能够在秋的怀抱中更自然地展示学习成果。他们在大树下朗诵《树叶鸟》和《秋叶飘飘》，感受人与自然的合二为一，即便没有配乐的渲染，但是情感比课堂上更饱满。学生还在老师的引领下，研究大树的变化以及秋天的小虫子，爱画画的学生跟着老师进行户外写生。回到家中，扫一扫学习单上的二维码，好听好看的微童话《树叶鸟》又呈现在眼前，主题学习从课堂延伸到了每个家庭中，学生在亲子共读中再一次感受秋天的诗意。

【学习目标】

概念与常识：让学生在真实的生活中了解与习得知识。了解杭州花圃概况,知道具有秋天特色的植物,为寻找秋天做好准备。

技能与方法:让学生初步学会或掌握至少一种技能。自己动手制作健康美味的秋日便当,乐于和同学、老师分享。

过程与体验:让学生在合作中解决问题并得到学习体验的积累。从文学、音乐、绘画等多个艺术领域感受秋天的魅力,在小组合作、交流中,通过看、听、画等多种途径,多元地感知秋天,丰富对秋天的认识。

情感与价值:让学生在与秋天的约会中感受美好的秋意。在户外考察、游戏体验中,发现大自然秋的足迹,发现秋天的美好,感受童年生活的快乐。

【评价策略举例】

秋天的诗《秋叶飘飘》和秋天的微童话《树叶鸟》是学生在学校的课堂上通过老师的引领学习的。课堂中,老师帮助学生读准生字词,读通句子,读懂意思,厘清思路,配上音乐和图片,引导学生有感情地朗读。学生在老师的引领下感受语言文字所表达的秋的诗意。但是抒情的文字,对于儿童来说,总是很难引起真正的情感上的共鸣的。他们的所谓"有感情",往往很可能只是为了迎合老师做出的机械性的模仿,例如哪个词需要着重朗读,哪个词需要降低音量,哪个字后面需要停顿,什么地方需要配上动作,等等。看起来十分投入的朗读,其实可能不是"真情流露",而只是一种矫揉造作的机械模仿。

"我和秋天有个约会"主题活动用展示性评价的方式对《秋叶飘飘》和《树叶鸟》的朗读进行了进一步的指导。展示的空间从学校的教室转移到了真正的大自然。学生在公园里,就在秋意正浓的户外环境中,进行小组合作朗读。老师给学生准备时间,并指出朗读的形式不限,可以齐诵,也可以有领诵,或者轮流朗诵。表演时可以加一些合适的动作,还可以就地取材使用一些道具,让朗诵展示更加完美。学生发挥的空间很大。而在大自然的环境中,他们的学习兴趣被点燃,创造力被激发。为了最后的完美展示,他们进行了非常投入的讨论,然后开始反复排练。在这个过程中,学生的交往能力、合作能力得到了锻炼。在金秋十月的公园里,朗诵《秋叶飘飘》和《树叶鸟》真是再适合不过了,学生全身心都被秋天的情境所浸润着,情感自然地流露在朗诵中,语言文字中的秋意也自然地被深深体会到了。学生最后的展示是任何一节语文课上的模仿都无法相提并论的。有的小组用金色的落叶当作道具,当朗诵结束后,所有人把落叶抛向空中,仿佛落叶变成了"树叶鸟"飞向远方。同样是落叶道具,有的小组每人捡一片最喜欢的落叶,拿在手中,当作话筒,有的小组让女生扮演"树叶鸟",在朗读的时候翩翩起舞。学生的创意令老师们欣喜和感动。展示性评价给予学生更大的发挥空间,也给予他们自信表达的舞台。

(三)学习单评价

通过学习单对学生的学习效果进行比较客观全面的评价。学习单评价是一种非常直观的评价方式。一份好的学习单,可以让学生非常清晰地明白所学的知识板块,明确自己的学习成果,了解自己的学习效果,并能够促进学生对所学内容在课后进一步地探究。因此,学习单评价是本课程非常重要的一项评价方式。老师要根据主题内容、主题目标、活动过程等因素精心设计学习单。

课例3 交响乐初体验

【主题简介】

将交响乐作为主题活动研究,可以培养学生的专注力,培养良好的倾听习惯。通过让学生认识各种管弦乐器并学习它们的中英文名称,知道各种乐器正确演奏的方式,从而进一步了解西方古典音乐。引领学生了解交响乐、音乐会的欣赏礼仪,拓展阅读音乐绘本等。综合语文、音乐、英语、生活等学科,通过体验式的学习,让学生身临其境地聆听、感受交响乐。主题活动分为五个板块,分别是"认识交响乐乐器""了解交响乐礼仪""欣赏交响乐童话""阅读交响乐绘本"和"现场聆听交响乐"。

【主题目标】

概念与常识:让学生零距离感受、了解交响乐这种音乐演奏形式,知道各种管弦乐器的名称及不同的演奏方法。

技能与方法:让学生学会欣赏交响乐,学习音乐会的基本礼仪,活学活用,通过现场聆听室内乐重奏，及时运用学到的欣赏礼仪。

过程与体验：通过交响乐的初体验，培养学生聆听音乐的良好习惯，在聆听与感受中，培养学生想象力、创造性思维及音乐鉴赏的能力。

情感与价值：培养学生对交响乐的喜爱之情，提升音乐审美能力，并激发对音乐的学习兴趣。

【评价策略举例】

交响乐童话《彼得与狼》的学习板块，采用了学习单评价的方式（如图4-1）。第一部分，乐器好朋友，我会连一连。这一部分是帮助学生检测是否认识音乐童话中出现的交响乐乐器，能否将乐器的中英文相对应。第二部分，则是语言文字运用方面的检测，引导学生表达自己的感受。老师先教学生所要运用的句式，然后让学生运用句式表达自己最喜欢《彼得与狼》中的用什么乐器演奏的角色，并说明理由。语言文字的学习与音乐感知整合。第三部分，欣赏了音乐后，画出脑海中浮现的画面。这是将无形的音乐与有形的绘画相结合，艺术本身是相通的。学生通过绘画，把听到的音乐感受画出来，可能是某一段故事情节的再现，如小鸟围着彼得欢快地歌唱；可能是某个人物和乐器的特写，如大野狼和圆号的特写；可能是某一种情绪的表达，如最后彼得和小动物们获得了胜利。画烟花以表达自己心中的兴奋……无论什么样的画面，都是学生对音乐的真实感受。老师不应以画面的美感作为评价标准，每一幅用心的画都要鼓励，并且给予大大地肯定，不应让学生产生惧怕画画的想法。愿意表达，愿意“真实”表达才是最重要的。老师还可以鼓励学生说一说自己画的是什么，为什么这样画，启发学生大胆自信地表达自己的想法。第四部分是与爸爸

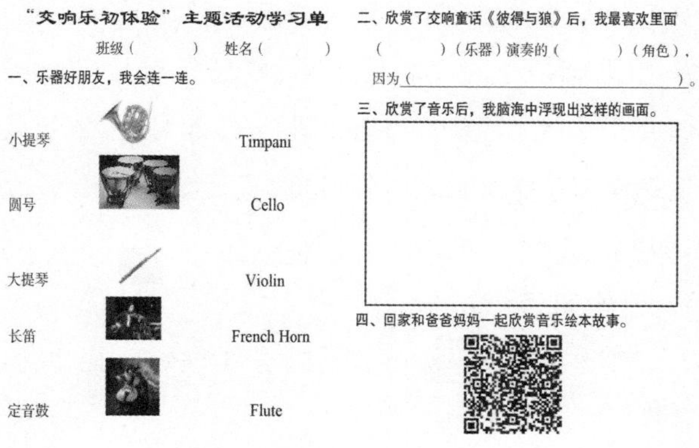
“交响乐初体验”主题活动学习单

班级（　　　）　姓名（　　　）

一、乐器好朋友，我会连一连。

小提琴　Timpani

圆号　Cello

大提琴　Violin

长笛　French Horn

定音鼓　Flute

二、欣赏了交响童话《彼得与狼》后，我最喜欢里面（　　　）（乐器）演奏的（　　　）（角色），因为（　　　）。

三、欣赏了音乐后，我脑海中浮现出这样的画面。

四、回家和爸爸妈妈一起欣赏音乐绘本故事。

图4-1　“交响乐初体验”主题活动学习单

妈妈一起欣赏音乐绘本《大提琴之树》,引导学生在家中与家长亲子共读。这份学习单也成了学生与家长交流的一份很好的材料。让学生可以看着学习单介绍自己的学习成果,让主题学习得到进一步深入。

(四)自我评价与同伴评价

活动中学生对学习成果的自我点评和同学互评,在展示中获得肯定。这样的评价方式,把评价的权利交给了学生。老师不再是评价的唯一实施者,老师变成了一个组织者与倾听者,当学生评价自己或同伴时,老师给予适当的点拨与引导,主动权还是在学生那边。这样的方式,进一步锻炼了学生的交往能力,也提升了学生的表达能力与审美情趣。老师鼓励学生从多角度进行多元评价。这有利于学生综合能力的提升,无论对评价者,还是被评价者,都有非常积极的作用。

课例4　面具的故事

【主题简介】

面具不仅仅是一个符号,一个作品,更是一种文化,一种思想,一种生活方式。因此,将面具作为主题活动研究,能够让学生通过面具这一媒介,了解中国以及世界的文化,发现中外文化的共通点,了解文化之间的差异。综合语文、美术、音乐、英语等学科,通过体验式学习,让学生全方位地了解面具文化,提升民族自豪感,开拓国际视野。学生通过主题学习了解京剧脸谱、印第安部落面具、小丑面具、非洲面具、威尼斯面具、大洋洲动物面具等,并通过面具了解京剧艺术、印第安部落及非洲部落文化、欧洲戏剧与社交文化等。通过面具主题学习,渗透国际理解教育,最后学生设计一个"独一无二"的融合了多种文化元素、文化符号的面具。

【学习目标】

概念与常识:初步了解世界各地的面具文化,知道不同的面具有着不同的造型特点、用途等。

技能与方法:根据班级主要研究内容,学习画对应主题的面具,通过走班学习,创作自己喜欢的面具。

过程与体验:通过对面具文化的学习,培养学生的小组合作能力和自主探究能力,体验世界各地与面具相关的风俗文化。

情感与价值:激发学生对中国国粹文化的热爱,提升民族自豪感,并激发对世界文化和艺术的学习兴趣。

【评价策略举例】

"面具的故事"主题活动持续的时间比较长,需要至少两周时间。学生先随班重点学习一种面具,利用2周的时间渐进式地学习,了解面具背后的文化,知道该面具的特点,画一画该面具。学习资料、学习成果也会逐渐展示在教室里和教室外,让其他班级的学生也能够通过这些展示对某一主题的面具略知一二。然后在主题展示活动当天,学生选择两个研究其他面具的班级进行走班学习,感受不同的面具文化和风格。等到走班结束以后,每个学生都感受了三种不同文化元素的面具形象(包括自己班级的面具),这三种面具形象在学生的脑海中进行碰撞、交融。最后,表现在学生的创意面具中。学生根据需要用各种材料,如羽毛、亮片、马克笔、面具模型、卡纸、彩泥等进行创作。最后制作成型的面具综合了各种风格,十足的"混搭风"。学生戴着面具,在楼道的中庭享用下午茶,下午茶的点心是他们亲手制作的面具饼干。戴着面具,一边享用面具饼干,一边和同伴(也可能是其他班级的朋友)谈论面具。在一种愉快放松的氛围中,学生相互展示自己的面具,介绍自己的创意,欣赏同伴的杰作,自我评价和相互评价自然而然地发生着。学生在自我评价中学习自我欣赏与自我展示,在同伴评价中学习交往与悦纳。

四、反馈与改进

主题学习评价对老师各学科的专业知识和教学能力提出了更高的要求。评价不再是传统的教师为学生的学习态度、效果进行定性的终结性的定论,而是基于学生终身发展观,更重视过程性、综合性的评价。评价的目的不是给学生分出三六九等,而是为了每个学生的最新发展,不是只限于当下或过去的评价,而是着眼于未来的评价。因此,老师首先要用发展的眼光看待每个学生,用多元的视角去了解每个学生,去真正欣赏学生、悦纳学生、引导学生、启发学生。

本文提到的评价方式,在主题学习评价中,往往根据实际需要综合运用,并不是孤立的,往往需要多种评价方式配合使用。例如"面具的故事"主题,在学习某一类面具的过程中,如非洲部落面具,就需要在课堂中对学生的理解进行即时的评价,帮助他们了解非洲部落面具的特点以及背后的文化。在学习京剧脸谱时,还会运用学习单,让学生巩固京剧中不同颜色的脸谱所代表的人物形象和性格特点。当学生完成面具创作后,通过下午茶环节,让学生进行展

图4-2 "我和秋天有个约会"学习单

示,展示性评价与自评、他评整合在一起,促进学生的交往能力。又如"我和秋天有个约会"主题,除了展示性评价,也运用了学习单评价。通过学习单呈现"秋天的诗歌""秋天的童话""秋天的韵律"以及"秋天的奥秘"四个板块(如图4-2)。而"秋天的奥秘"中的"我还有其他发现"是开放的。学生可以从秋天的天气、动物、植物、食物、着装等多个角度去思考,并用文字、拼音和图示的形式来表现。这也是这张学习单最大的亮点。完成后,老师把学习单投影到屏幕上,鼓励学生向全班同学介绍自己的发现。展示性评价与学习单评价又整合在了一起,不可分割。学习方式的整合,优化了主题学习的效果,给予了学生更大的表现空间,也让教师的引领更加具有挑战。

附：

《主题学习评价》序列设计

表4-1 一年级《主题学习评价》内容

一上	活动主题	一下	活动主题
九月	赞颂中国红	三月	火车之旅
十月	我和秋天有个约会	四月	走近鸟的王国
十一月	面具的故事	五月	妈妈，我爱您
十二月	腊八节	六月	父爱如山

表4-2 二年级《主题学习评价》内容

二上	活动主题	二下	活动主题
九月	"八月十五"月儿圆	三月	风的奥秘
十月	动物王国	四月	我与大师面对面
十一月	杭州小伢儿	五月	劳动最光荣
二月	蔬菜总动员	六月	粽叶飘香艾蒲长

表4-3 三年级《主题学习评价》内容

三上	活动主题	三下	活动主题
九月	生命之水	三月	百变机器
十月	走进古典乐	四月	月球之谜
十一月	一粒种子的旅行	五月	茶文化之旅
十二月	感恩有你	六月	清凉水世界

表4-4 四年级《主题学习评价》内容

四上	活动主题	四下	活动主题
九月	变幻莫测的天气	三月	假期大碰撞
十月	动物总动员	四月	一花一世界
十一月	建筑之美	五月	我是小当家
十二月	桥的故事	六月	乡村野趣

表4-5 五年级《主题学习评价》内容

五上	活动主题	五下	活动主题
九月	拳拳中国心	三月	玩转城市
十月	与名人面对面	四月	饮食与健康
十一月	同一片蓝天下	五月	心灵驿站
十二月	舌尖上的中国	六月	童眼看世界

表4-6 六年级《主题学习评价》内容

六上	活动主题	六下	活动主题
九月	今日说法	三月	科技与生活
十月	与诗同行	四月	文化碰碰车
十一月	走进新农村	五月	我是小公民
十二月	人与动物	六月	精彩毕业季

备注:主题课程的内容在实施过程中会略有调整。

第二节 专题研修评价

一、概念与特点

(一)概念

新班级教育课程的设计与实施研究,对崇文课程进行了完整的个性化的架构,通过整合与重组课程,设计了社会与实践、语文与艺术、数学与科学、英语与国际理解和体育与健康五大课程内容,每个范围又分别设计了基础课程、拓展课程和探究课程三个基本模块。其中,拓展课程为崇文校本活动课程,必修和选修相互结合,分布于五大课程内容之中,如:走进社区、生存训练、国防教育、农事体验等课程,这些拓展课程是以某个研修主题设计与实施的,我们也统称为专题研修课程。

所谓专题研修评价就是指在课程评价的理念、目的、主体、内容、方式、过程以及结果的解释与运用等方面以专题的思路和方式来展开的课程评价制度。与学识指向的课程学习评价不同的是,专题研修评价更注重能力指向的综合应用评价,注重评价对学生能力发展的促进作用,评价标准由刚性的单一化标准走向弹性的多元化标准,评价主体除了教师、学生,也注重让家长及社会主体成为评价者,评价内容更关注对研修学习过程的评价和学生的参与及互动,评价方式更强调描述性分析与把握,采用定量和定性相结合,更具融合性和多元化。

(二)特点

1.倡导多元

多元主要包括四层意思:一是强调多元主体的参与,这种多元主体除了包括教师、学生等教育内部的主体,还包括多方面的社会主体,如家长、活动点接待员、社区代表、企业代表或者是普通的社会公民,等等。二是使用多元的方法对学生进行评价,如:现场演练、实操能力测试、成果发布、轶事记录、日志手账、口语评价等。多元主体参与下的评价可以既有教育内部的评价,又有教育外部的评价,既有独立评价,又有多方参与的共同评价。三是评价内涵多元,评价内涵至少包括认知、技能、习惯、情意等方面,同时兼顾学生的学习历程、生活世界和社会行为,展现评价内涵的生活化、多样化,以满足学生全面发展和多样化发展的需要。四是评价对象多元,专题研修评价强调既要有对学生的评价,又要有对教师的评价,如教师的教学行为、课程开发、实际教学效果等,通过全面的评价,实现学生自我更新和自我发展。

2.关注综合

专题研修学习的评价设计注重综合化,以某个专题(如:社区、农事、国防等)开展研学,本身就具有浓烈的超越学科界限的综合性,强调以专题活动中学生的经验、社会交际和成长需要的问题为评价核心。评价内容有弹性地吸纳了鲜活的社会与地方信息。评价时空从课内向课外延伸,从课堂向学校、家庭和社会扩展。评价不仅关注不同学生的学习起点,而且重视动态学习评价和个体的内在体验,学生在评价活动中相互作用,共同建构,综合对话,以获得最好的学习历程。

3.面向发展

专题研修评价的根本价值在于促进学生综合能力的发展,突出强调课程评价的发展观,强调课程的发展、学生的发展和教师的发展是评价的基本理念。在具体的评价过程中,更加重视对课程、过程及课程实施的评价。第一,评价课程不只看课程的好坏与成功与否,更看重课程本身的适应性、发展性和创造性。第二,评价学生的发展不只看学生发展的程度、速度、水平,更看重学生发展是否全面、完整;是否积极、主动、富有创新;是否适应了时代的要求。第三,评价教师的发展,不只看教师是否适应了课程的发展,更看重教师是否在课程的发展中同时发展了自身,反过来能进一步推动课程的发展与变革。

二、意义与价值

(一)对话互动：让评价更具主体性

专题研修评价主张创设开放的评价氛围(如：围圈分享、轶事交流)，将评价看作是一种学生之间互动的建构过程。评价过程高度关注学生的内在体验，主要的表现形式是对话和互动，内在的机制是情感交流与思想沟通。因此，专题研修评价不再是一种束缚学生个体发展的单向的、封闭的、机械的框架，而是要对学生的发展水平和发展状态进行了解，使其更加清晰地认识自己、把握自己，进而为学生创造一种展示个性、展示能力和展示创造性的机会和成长空间，促进学生在参与评价中相互作用、积极探索的真实经历。

比如走进社区活动，从评价设计到评价的各个环节，始终把确定学生的主体地位，充分发挥学生的学习积极性和学习潜能作为目标来开展教学活动。在走进社区实施过程中，教师积极引导学生在活动中处理好各种人际关系，引导学生在具体的自然情境和社会情境中进行参观、调查、服务等一系列的实践和评价活动，在活动中发现和解决问题，增强学生的社会责任感，培养合作交往、创新实践等各项能力。

(二)以人为本：让评价更具人文性

专题研修评价的意义和价值是对课程评价的目的与功能进行重新定位。在具有多元性、综合性与发展性的评价理念下，课程评价不再仅仅是对教师、学生和课程做出评价的手段，而将凸显出评价的育人观和人性化。换句话说，课程评价更加重视学生的感受、体验、个体差异以及潜能的发掘，设身处地地站在学生角度思考研修评价措施，重视学生应有的权益，提供给学生在评价过程中尽可能地发现自我、欣赏自我的机会，从而促进学生愉快、健康地发展。

比如在生存训练中，学生经历小组合作与自主探究，了解食品安全知识，知道并识别垃圾食品、三无产品等，知道食品安全的重要性，从小树立正确的饮食观念，并以小社会人的身份监督、教育其父母家人。在亲身实践中，感受人为灾难面前个人的无力，学生内心对质量、标准的追求大大被激发，他们在活动中表现出来的情感震荡和价值观重塑也是最为难得的,评价的重点应落在此处。少年时拥有正确的人生观、价值观,成年后才会有益于社会、人类发展的行动作为。

(三)多维立体:让评价更具全面性

作为崇文校本课程的评价制度,我们反对用一个标准、一个尺度来衡量所有学生的表现,我们认为每个学生都是独一无二的存在个体,评价标准应作为一种描述和呈现学生多方面、全方位发展的指示,并随时根据学生个体的发展而调整,以促进他们获得更大的发展动力。同时,实施多个评价主体的反馈与交流,把教育内部评价与外部评价、自我评价与他人评价结合起来,使学生得到多方面的、完整的信息反馈。

在《农事体验》五天的学习评价实践中,学生亲身体验蔬菜种植、植株扦插、搭灶野炊、割稻除草等农事活动。过程中,充分保证学生的体验时间和空间,大力提倡小组合作式体验的形式。在教师、农事指导员、同学等多主体评价反馈时,充分尊重学生真实的感受和描述,积极引导学生接受成功或者失败体验的可能性。

(四)质量兼顾:让评价更具适切性

传统的评价往往以量化评价手段为主,以数据的形式衡量学生的学习结果,但实际上在受教育的过程中,个体的情感、态度和观念等诸多不确定因素是无法用量化的方式表现和测量出来的,这种不确定因素不能在课程评价中就这样被忽视。因此,我们倡导关注过程的动态评价方法,关注学生发展的可能性和多样性,提倡以质性评价为主,量化评价为辅的评价方法,以实现为了每位学生的发展,提升评价对人的培养作用。

综上所述,专题研修评价不仅是一种具体的评价制度,更是一种具有开放与多元性的评价思想,它贯穿于学生与学习发展的全过程,强调学习参与者的互动、对话、建构与发展,体现了评价的主体性、人文性、全面性和适切性。

三、设计与实践

布卢姆曾提问:"教育的功能是'挑选'还是'发展'?"学校设计了一系列任

务驱动型的评价方式,其功能是"挑选"还是"发展"？培养"成功者"还是"失败者"？止于眼前的效率还是支持学生的可持续发展？这些回答将直接影响评价的设计与实施。

在崇文的专题研修评价中,我们始终倡导学为中心的评价理念,引领学习评价指向"因学而评",而非"为评而学"。这里的"学"既包括学习,也是指学生,因此评价的整体设计,重在对学生学习过程的关注,学生行为习惯变化的关注,学生学习情绪变化的关注,制订可操作、可观测的评价标准,以促进学生综合素养的发展,以期最终实现以下目标:一是通过这种评价引领专题研修活动的价值功能,其引领的价值功能取向是学生的"可持续发展";二是通过这种评价激发学生学习的动机,真正关注学生深层次的学习能力提升;三是通过这种评价进一步调节和完善专题研修评价的设置。

每一次的专题研修评价都有配套的《学生活动手册》,内容包含了学习的目标、时间、课程的安排、探究活动的流程、学习成果的展示等信息,同时每一天课程记录中都有评价栏,包含了自我评价、同学评价、教师评价及教育外部评价等。召开教师、学生座谈会,收集意见与建议,同时向家长征求意见,反馈总结整个评价进行的情况和对评价的反馈。

专题研修评价的具体设计包括:

① 基于探究的学习方案(《学生活动手册》)。运用基于探究的学习方案,帮助学生根据多种信息资源建构个人的意义,通过在真实世界中的表现得到恰如其分的评价。

② 研究完善激励学生主动发展的任务设计机制。充分发挥任务型评价对学生改变学习方式的导向作用和激励作用,具体表现在对任务内容的分析评价,使活动内容不断完善。

③ 设计对学生活动的真实性和表现性评价。建立过程评价与成果展示相结合的评价指标,对学生参与课程的学习和活动进行评价,既观察学生的学习态度、学习过程,又通过作品展示等方式评价学习成果,同时做好记录。

以下以《走进社区》《生存训练》《国防教育》《农事体验》四个专题研修评价为例分别阐释。

课例5 《走进社区》专题研修评价

(一)课程说明

《走进社区》课程适用三年级学生为期一周的体验活动,每天上午、下午、晚上各1个主题活动,上午主题为2.5小时,下午主题为3小时,晚上主题为1小时。其中,上午、下午的主题活动,是走进社区的实践活动,晚上的主题活动场所为教室、寝室,活动目的在于提升学生的自理能力。

(二)课程内容

《走进社区》教育课程是一门适用于小学三年级学生学习的课程。活动时间为期一周。根据本社区资源情况,结合学生生活经验和实际情况,本课程主要包括以下五个内容:

1.走进社区,了解社区

主要包括走马观花看社区、走进中国第一社区、参观胡雪岩故居等课程。让学生走进社区、了解社区。通过播放视频、图片等,让学生了解社区的功能、配套设施,了解不同社区的特色。引领学生走进社区,了解社区的大致范围、配套设施等。通过参观中国第一社区上羊市街社区,了解中国社区建设的历史沿革和上城区社区建设的最新成果。通过参观胡雪岩故居,初步了解、认识胡雪岩故居的构造,及社区名人胡雪岩充满传奇的一生等。

2.体验职业,感受生活

主要包括走进广电中心、学做小主播和走进市民之家课程。活动倡导职业体验,激励自我。与电视台、电台播音员、记者和工作人员进行互动,了解各个岗位的内容与作用。走进新闻演播室,真真切切地体验一把当电视新闻小主播的滋味,激励小海燕从言行举止、知识储备等各方面严格要求自己。走进"Do都城"少儿社会体验馆,体验不同职业角色,学习相关职业技能。

3.服务他人,关注公益

主要包括走进杭州市杨绫子学校和我是小小保育员课程。对学生进行服务他人的教育,激发学生关爱他人、服务他人、关注公益活动的意识,培养学生的社会责任感。通过行前教育和参观活动,引导学生关注特殊儿童的生活、学习现状,激发学生对特殊群体的关爱之情。通过参观、游戏等活动,培养学生关注公益行为,乐于奉献的社会责任感。通过帮助幼儿穿衣、整理被褥等活动体验幼儿园保育员的工作,培养爱护幼儿的品质。

4.畅想未来,爱我杭州

主要包括新老社区对对碰——走进白塔社区公园和走进市民之家课程。引导学生展开想象,通过小组合作,描绘未来理想社区。通过古今对比,畅想未来社区,激发学生建设社区的美好愿景。了解杭州城市总体规划以及发展愿景,激发热爱杭州、建设杭州的情感。

5.合作交往,提升能力

贯穿课程实施始终。通过合作调查、完成学习单、与同伴交流的过程,让学生学会交往,培养学生的交往能力、沟通能力等(见表4-7)。

表4-7　《走进社区》专题研修具体课程框架表

	上午	下午	晚上
周一	1.开营仪式; 2.话说社区; 3.走马观花看社区。	1.走进杨绫子学校; 2.分配寝室,整理内务。	自理能力大考验(寝室)。
周二	【1~4班】 1.参观中国第一社区; 2.参观胡雪岩故居。 【5~8班】 1.参观白塔公园; 2.我是设计师:设计未来社区; 3.交流展示。	走进广电中心,学做小主播。	一封家书。(各班教室)
周三	【1~4班】 1.参观白塔公园; 2.我是设计师:设计未来社区; 3.交流展示。 【5~8班】 1.参观中国第一社区; 2.参观胡雪岩故居。	我是小小保育员——走进幼儿园。	睡衣派对。(寝室)

续　表

	上午	下午	晚上
周四	走进市民之家。 (市民之家、"Do都城"少儿社会体验馆、杭州图书馆等场馆)		露天电影。 (操场)
周五	1.整理内务； 2.知识竞赛； 3.闭营仪式。	13:30放学； 自行走访所在社区。	

其中,走马观花看社区、走进杭州市杨绫子学校、走进中国第一社区,参观胡雪岩故居、走进广电中心学做小主播、新老社区对对碰——走进白塔社区公园、我是小小保育员、走进市民之家7个主题活动为走进社区的核心课程,周五的主题活动为总结回顾。晚上的4个主题活动分别为自理能力大考验、一封家书、睡衣派对、露天电影,意在培养学生的自理能力、交往能力及感恩父母的良好品质。

(三)课程评价

本课程的评价主要包括两个方面:一是学生学习该课程的评价;二是教师在该课程进行教学情况的评价。

1.学生评价

在《走进社区》的课程实施中,对学生的评价在方式上可以分总结性与形成性两种,在内容上则包括对学习态度、掌握的能力和水平等,在形式上可以分为自评、互评、教师评等。

(1)形成性评价

每项主题实践活动后,以自我评价、学生互评、老师评价等形式进行评价。评价内容据主题活动的目标、内容进行适度调整。这样每一位学生既是评价者,又是被评价者。他们在学习活动中始终处于主动的地位,激发学生内在潜力,激励学生改进不足,赶超先进。

表4-8　"走进广电中心学做小主播"学习评价单

评比内容	具体要求	自己评	同学评
积极参与	注重礼仪，安静聆听。	☆ ☆ ☆	☆ ☆ ☆
	主动提问，认真学习。	☆ ☆ ☆	☆ ☆ ☆
善于交往	团结合作，虚心求教。	☆ ☆ ☆	☆ ☆ ☆
	互帮互助，真诚赞美。	☆ ☆ ☆	☆ ☆ ☆
完成质量	坚持到底，不怕困难。	☆ ☆ ☆	☆ ☆ ☆
	学有所获，认真反馈。	☆ ☆ ☆	☆ ☆ ☆

在上述评价单中，既有对学习态度的评价，又有对学习过程的评价，更有对学习毅力、学习成果的评价。

表4-9　"我是小小保育员"学习评价单

内容评价	自己评	同学评
我有礼貌	☆ ☆ ☆	☆ ☆ ☆
我有耐心	☆ ☆ ☆	☆ ☆ ☆
我有成就	☆ ☆ ☆	☆ ☆ ☆

在上述评价单中，主要侧重文明礼仪的评价。

像这样，其他几项主题实践活动也分别有契合其目标和内容的学习评价单。

另外，还有通过成果展示、学习记录等途径，对学生的综合实践能力、态度、情感和价值观进行整体评价。

表4-10 "走进市民之家"学习记录单

杭州市民之家	我知道市民之家为我们提供了( )( ) ( )( )等服务项目。
知味观用餐	我与( )位同学共进午餐,共计花费( )元。
杭州市图书馆	我在杭州图书馆借阅了_____。我(能 不能) 文明阅读。
"Do都城"少儿社会体验馆	我体验了( )种职业,其中我最喜欢的职业是( ),因为_____ _____

在学习记录单中,学生及时记录自己的学习体会、活动感受等,在总结交流时,进行成果展示。成果展示不仅仅局限于作品实体展示,还包括实施过程中的问题解决、合作交往等,提升学生的综合能力。

（2）总结性评价

总结性评价作为对学生学习的综合评定,主要在《走进社区》课程即将结束时进行。与其说是总结性评价,不如说是形成性评价的总结形式。根据形成性评价,最终评定是否能获得"走进社区"课程结业证书,并评选出优秀学员10名。

2. 教师评价

加强对教师的培训和考核评价,有利于帮助教师了解学生的学习情况,有利于本课程的有效实施和进一步深化。对教师的考核主要采取两种考核方式,即随堂性评价和活动终结性评价。

（1）随堂性评价

主要对教师在有无按计划组织教学,是否关注学生的主体活动,是否能充分发挥学生的积极性,组织管理质量如何,有无充分发挥自身的主动性,从而对课堂进行诊断和跟进,不断调整教学过程,发现问题,及时纠正,不断总结经验教训,确保课程顺利实施。

（2）终结性评价

采取学生、教师调查问卷的形式，对授课教师的受欢迎程度进行考评，同时，根据参加活动的学生在《走进社区》课程的学习和相关比赛的情况进行考核。

3. 评价建议

（1）评价有所侧重。本课程在全面评价学生的基础上，尤为注重对学生综合应用能力、社会参与意识和能力、毅力和责任感进行评价。

（2）评价贯穿始终。重视形成性评价，重视学生在各项实践活动中的评价，包括学生填写的学习记录单、学习评价单。

（3）评价突出主体。评价采取自评、互评、教师评的形式，每位学生既是评价者，又是被评价者。他们在学习活动中始终处于主动的地位，学生能够逐步学会客观评价自己和他人。

课例6　《生存训练》专题研修评价

(一)课程说明

《生存训练》是新班级教育"体育与健康"领域，针对四年级学生开展的活动类课程。通过各种形式的实践活动，促进学生游泳技能的习得、安全应急知识的掌握，模拟灾难、野外走失等情境，进行逃生技能训练。是实施素质教育和培养全面发展人才不可缺少的重要途径。

(二)课程内容

1. 内容结构

（1）基本生活技能的学习

主要针对学生离开父母、独立生活期间所需完成的自己对自己的照顾，以及与同寝室同学相处的问题。学习的主要内容有——内务整理、清洗整理自己的衣物、按时就寝、起床、学习搭帐篷、学习看地图等。

（2）安全知识的学习

主要针对与学生生活息息相关的各类安全问题。学习的主要内容有——

了解食品、药品安全,知晓面对各种自然灾害以及人为灾害时的逃生技巧和原则,认识生活中的各种标识特别是安全逃生图与逃生通道等。

(3)生存技能的学习

这一部分内容以模拟训练、实地训练为主,主要针对各种自然灾害以及人为灾害发生时的逃生技能训练、游泳技能提升等。

2.课时分配

《生存训练》课程,充分考虑学生的年龄、身体发育特点,安排在四年级进行,一周时间,以常规课时计,共计35课时,其中安全知识类2课时,技能训练类27课时,中间也穿插部分安全知识的学习,实践体验类4课时,仪式教育2课时。因学生住校,每晚安排时间进行生存日记的书写及寝室活动体验(见表4-11)。

表4-11 《生存训练》内容与安排

课程类型	课程名称	主要内容	课时安排
技能训练	内务整理	学习叠被子、整理床铺、卫生间洗漱用品摆放等。	1课时
	搭帐篷	小组合作学习如何搭帐篷。	1课时
	野外生存模拟	小组合作,根据地图、指南针等工具辨认方向,找到目的地;学会分工合作,共同完成野外生存模拟任务等。	3课时
	自救自护	学习并掌握对不同伤口进行止血及包扎的基本处理方法;模拟拨打120急救电话,学会正确实施心肺复苏等。	2课时
	游泳训练	依据学生原有水平,分班学习闭气、蛙泳、仰泳、自由泳等泳姿,并进行强化练习。	18课时
安全知识	食品药物安全研究性学习	小组合作进行食品、药品安全学习,认识与辨别各种常用药物,了解用药安全及规范。	2课时

续　表

课程类型	课程名称	主要内容	课时安排
仪式教育	开营仪式	解读一周学习计划、时间表,明确各项活动要求,住校规则等。	1课时
	闭营仪式	进行一周总结,表彰优秀,激励学生进步。	1课时
实践体验	水上警察的一天	走进水警工作巡逻艇,了解先进警用设备,学习抛绳等技能。通过水上安全教育,强化安全意识。	2课时
实践体验	灾难发生时(灾难体验中心)	参观国际应急安全教育中心,了解掌握应急救援装备,体验户外高层紧急疏散应急滑道;了解火灾的危险,掌握在火灾时应该如何自救;体验掌握安全乘坐地铁科普知识,以及体验地铁中如何逃生;在地震体验屋感受3~8级地震,了解地震时如何自救,如何躲避。	2课时
	露营	学生在户外搭帐篷,观看露天电影。	2课时
其他活动	生存日记	当天学习情况记录。	晚间休息时间
	一封家书	学生住校期间给父母写一封信。	

(三)课程评价

1. 评价原则

(1) 激励性原则

学生的进步与成长,离不开正确的引导,在学生参与体验活动、学习知识的过程中,充分尊重和保护学生乐于体验活动的兴趣,鼓励学生在过程中的进步和快乐,满足学生的成就动机。能够为后续的学习激发出更加强烈的学习动机。

(2) 形成性原则

生存技能的获得,以理论知识学习为基础,以亲身实践,积累肢体记忆为重要手段。在学生学习过程中的评价,应注重技能的正确掌握,教师、教练都应不断给予学生正向信息,帮助学生掌握正确的各项知识与技能。

(3)主体性原则

评价的主要对象为学生的学习行为和学习成果,学生既是被评价者,同时也是评价的主体。学生作为"自评"的主体,对自己在实践活动中的各种表现进行"自我评价",有助于激发思考与再学习。同时学生对自己在学习过程中与教师、同学之间的人际交往与合作进行评价,帮助其形成正确的人际交往观念,锻炼交往能力。

2.评价内容

(1)评价重点

生存训练课程对学生的评价,侧重评价学生对安全知识的理解与掌握。评价学生在安全应急技能的运用和活动过程中的参与程度。评价学生在学习活动中安全意识的形成。评价学生学习过程中的进步幅度。并注重学生活动过程中的自我评价,关注学生的小组合作。

如《药物安全研究性学习》一课中的评价单:

药物安全研究性学习单

我们小组的成员是:＿＿＿＿＿＿＿＿＿＿＿＿＿＿＿＿＿＿。

我们研究的是(感冒、发烧、皮外轻伤)的常用药。我们通过＿＿＿＿＿＿
＿＿＿＿＿＿＿＿＿＿＿＿＿＿＿＿等途径知道了可以使用以下这些药物(见表4-12):

表4-12 "药物安全"学习记录单

药　名	用法用量	注意事项

我对自己的评价　　　　　　　老师对我的评价

遵守纪律：☆☆☆　　　　　　遵守纪律：☆☆☆

知识习得：☆☆☆　　　　　　知识习得：☆☆☆

技能掌握：☆☆☆　　　　　　技能掌握：☆☆☆

意志品质：☆☆☆　　　　　　意志品质：☆☆☆

团队合作：☆☆☆　　　　　　团队合作：☆☆☆

　　完成这份评价单需要学生以4～5人组成学习小组，根据"药物安全研究性学习单"开展研究，可以通过咨询他人、阅览室查阅书籍和上网搜索等途径获取资料，最后填写好研究性学习单，集体汇报。从内容上可以看出，侧重评价了学生对药物安全知识的理解与掌握、查找与整理信息的能力、合作能力以及学生参与活动的过程。

　　学生在完成这份评价单的同时，可能还衍生了以下学习内容，从而就"感冒用药"话题进行了更深入的研究：

　　1.市面上有几种(可以发现有单方,复方,中药,西药,中西结合,缓释等)感冒药。

　　2.阅读整理说明书及查资料补充(感冒药的哪些成分,各自发挥什么作用,解决感冒中的什么问题,不同制剂形式多久起效,药效能维持多长时间,服药后关注什么,适应和禁忌是哪些等)。

　　3.如何安全用药(单方、对症、安全剂量和给药间隔时间,不同药物和不同应用场景,服药后的危险信号)。

　　4.如何预防感冒。维生素和微量元素补充剂如力度伸、维C泡腾片究竟起什么作用?(有没有必要吃,哪些情况需要,哪些情况不需要,哪些合用会增加效果,哪些一起会影响吸收,不适合一起吃)

　　(2) 评价内容

　　生存训练课程评价的内容有六大部分组成：第一、评价学生在学习活动过程中能否遵守纪律；第二、评价学生对教师教授或学生自主探究所得的安全知识能否掌握；第三、评价学生通过实践体验等形式训练的安全技能掌握到何种程度;第四、评价学生在各种不同的学习环境下,能否保持对学习的热情、积极投入等意志品质;第五、评价学生在学习过程中,与他人进行交往的主动意识、沟通能力等合作能力;第六、评价学生在自己原有的游泳水平上的进步程度。

如《野外生存模拟》的评价单:

课例7　"野外生存模拟"任务单

班　　级:_____组　　名:_____成　　员:_____

出发时间:_____结束时间:_____用　　时:_____

任务一:

我已经为我们小组成员拍摄了一张合照　　　□

我已经为我们小组成员拍摄了一张合照　　　□

任务二:扫雷数量:(　　　　　)

任务三:植物名称

表4-13　植物研究记录单

名称	特征
大树形状	
树干	
树叶	
其他	

任务四:　　　　树干拓印　　　　　　　　树叶标本

任务五：我们已经在地图上标记水源和搭帐篷地点　　□

我对自己的评价　　　　　　　同伴对我的评价

遵守规则：☆☆☆　　　　　　遵守规则：☆☆☆

技能掌握：☆☆☆　　　　　　技能掌握：☆☆☆

意志品质：☆☆☆　　　　　　意志品质：☆☆☆

团队合作：☆☆☆　　　　　　团队合作：☆☆☆

在评价单中，学生及时记录下自己的学习时长和学习成果，学习成果不但包含了梳理植物特征类的知识性成果，还指向了能力类的技能性成果，如：搭帐篷、找水源、拓印树叶，并且强调了与团队的协作精神、意志力和规则意识。

（3）评定方法与标准

一方面，生存训练课程的最后需进行总结与评比。如表所示（见表4-14）：

表4-14　《生存训练》总结日安排

时间	活动内容		负责人
	1~4班	5~9班	
上午 08:20—09:50	游泳生存技能比赛	单项技能比赛	游泳生存技能比赛： 周　健 单项技能比赛： 何　英、华云彩
10:00—11:30	单项技能比赛	游泳生存技能比赛	
11:40—12:20	午餐、班级总结		班主任
12:30—14:00	1.单项比赛（知识竞答） 2.评价总结（班级总结）		宋　畅 曾敏芳
14:30	放学		班主任

专题研修课程的最后一天，学生以班级为单位进行团队PK，竞赛项目有：安全知识竞答赛、游泳技能单项比赛（包括单人50米蛙泳、100米仰泳、200米自由泳、400米接力赛等）、结绳竞赛。评价时，可分为优胜班级和优秀班级。以

133

竞赛、检验的方式巩固所学,鼓励全体学生的学习成果。

另一方面,综合学生一周的表现,评选生存训练优秀学员,评价标准为各项目授课教师依据学生一周的学习情况进行设定,最终综合班主任、教练员和同学的评价以及每位学生的项目成绩确定优秀学员。

3.评价主体

(1) 学生自评

评价时强调学生的主体性,肯定学生自我发展的需求,在学习过程中,坚持让学生从多方面进行自我评价,肯定优点与进步,发现不足,并及时寻找改进的办法。

(2) 教师评价

在肯定学生自我发展需求的同时,也要明确学生在进行自我评价时,由于年龄与经历的关系,总会产生过高或过低的自我评价。所以在任何学习活动过程中,教师的评价都是对学生学习行为、学习效果起到很大作用的必要行为。

(3) 诊断式评价

在学生学习、活动的过程中,教师针对学生学习的具体行为、学习方法、学习态度进行及时的评价,能够帮助学生及时地调整学习行为、学习方法,帮助学生达到最佳的学习效果。教师的诊断式评价跟学生的自我评价同时进行,在学生活动手册中予以呈现。

(4) 终结性评价

终结性评价作为对学生学习的综合评定,安排在生存训练活动结束的时候,内容包括学生在学习该门课程时的学习态度和成果。

课例8 《国防教育》专题研修评价

(一)课程说明

国防教育课程是一门以增强五年级学生国防观念、提高公民国防素质为目的,以传授国防军事知识、培养学生必要的队列训练、野外拉练、内务整理、战地救护、小军人军姿等技能,培养吃苦耐劳、有纪律、有团队合作能力的社会主义接班人和后备国防力量的综合性活动课程。

(二)课程内容

1.内容结构

一周的国防教育课程的基本框架如下:

表4-15　《国防教育》评价安排

	上午	下午	晚上
周一	1.仪式教育(开营仪式) 2.实地考察(部队)	1.队列训练(部队) 2.技能训练(内务整理)	救护讲座
周二	1.队列训练(海皇星基地) 2.打靶练习(海皇星基地)	3.战地野炊(海皇星基地) 4.真人CS(海皇星基地)	军事知识讲座
周三	1.观摩会操(部队) 2.队列训练(部队)	3.拓展训练(部队) 4.趣味体验(实地扫雷)	电子邮件
周四	1.实地演练(山野拉练) 2.趣味训练(消防体验)	3.技能训练(队列训练) 4.实地考察(消防大队)	野外露营 国外影视
周五	1.实战演练、会操、知识竞赛(阅兵式) 2.仪式教育(闭营仪式)		

2.课时分配

教材根据五年级学生身心特点和能力水平,每期安排四天半共44个课时的教学内容。其中开闭营(仪式教育)4课时,军事国防知识6课时,队列训练8课时,部队考察4课时,拓展训练、技能训练、野外生存、战地救护训练共18课时,国防知识技能会操竞赛4课时。

(三)课程评价

《国防教育》课程将根据一定的评价标准,采取各种定性、定量的评价方法,通过对课程设计和组织实施的科学程度进行诊断,并确定课程目标的达成程度。《国防教育》的课程评价应通过合理、科学、发展、个性化的评价。课程评价包括对学生的学习、教师的教学两个方面的评价。

1.学生评价

《国防教育》的课程评价是通过合理、科学、发展、个性化的评价,激发学生树立小军人的自豪感、责任感和使命感。引导学生在队列训练、山野拉练、紧急集合、实地参观、实战演习中培养良好的行为习惯,体验团队合作的快乐,培养刻苦耐劳的意志品质,并习得内务整理、战地救护、军人站、立、行、蹲等基本技能,从而培养学生的纪律性、意志力、团队合作能力等多方面的活动课程。

(1)《国防教育》课程对学生评价的重点

评价学生对国防知识技能的了解与掌握。评价学生在国防教育系列活动中的参与程度。注重对学生的学习过程和进步幅度的评价。注重学生活动过程中的自我评价,关注学生的小组互评,确保《国防教育》课程的有效实施。

在"国之重器"活动中,学生需要通过查找资料、观看视频等方式了解我国先进的武器装备,协作完成武器装备展示单,增加民族自豪感和荣誉感。活动单既体现了团队合作的历程,又突出了个人学习的进步,并且通过多个评价主体,共同、全面地对学生表现做出了评价。

"国之重器"研究性学习单

我们小组的成员是:_____。

我们研究的是_____。我们通过_____

_____等途径了解了这个装备。

通过对国家军事力量的了解,我感受到了:_____

_____。

伙伴对我的评价	排长对我的评价
遵守纪律:☆☆☆	遵守纪律:☆☆☆
知识习得:☆☆☆	知识习得:☆☆☆
技能掌握:☆☆☆	技能掌握:☆☆☆
意志品质:☆☆☆	意志品质:☆☆☆
团队合作:☆☆☆	团队合作:☆☆☆

（2）《国防教育》课程对学生的成绩评定的内容

学生学习成绩评定的内容包括：遵守纪律、技能掌握、意志品质、团队合作这四个部分。

（3）《国防教育》课程对学生的成绩评定的标准

《国防教育》课程对学生的成绩评定将采用质性评价和量性评价的方法进行。绝对性标准包含了知识领域（国防军事知识部分和战地自救知识）和技能领域（内务整理、队列、军姿、战地救护逃生、野外生存拉练）两个方面的不同要求。

下面这张表格就对学生寝室内务整理做出的明确的要求，主要以教师评价为主，以寝室为单位展开（见表4-16）。

表4-16　内务整理评价单

序号	标准	分值	评分
1	床上被子叠成长方形块，折扣对内，口朝外摆。	1分	
2	枕头放在叠好的被子上。	1分	
3	被单拉直铺平，床上无多余物品。	1分	
4	个人物品放入柜子，柜门关紧不敞开。	1分	
5	鞋子摆放床底，跟外头内，成一条直线。	1分	
6	脸盆放入柜子，整洁不积水。	1分	
7	卫生间干净整洁，台盆物品摆放整齐。	1分	
8	毛巾摆放整齐。	1分	
9	书桌物品摆放整齐。	1分	
10	室内地面干净，无杂物。	1分	

又如技能领域中"操课"的评判标准，是这样明确制定的：

操课按照计划要求周密组织，学员认真听讲，精心操作，遵守纪律，严防事故发生。

操课前，教官根据科目内容做好准备。听到操课号后，以连为单位迅速集合整队,清查人数,检查着装,带进训练场。

操课过程中,每小时休息10分钟(野外训练和实弹射击时根据情况确定休息时间),由连值日长发出休息信号,休息完毕,发出继续操课信号。

操课结束后,检查装备,清理现场,集合整队,进行讲评,操课往返途中,应当队列整齐,歌声嘹亮。

(4)《国防教育》课程对学生学习成绩评定形成机制的设想

学生生存技能成绩的评定不是单一的形成机制,而是一个综合评定的结果。在教师评定的基础上,注重学生的自我评价与相互评价,同时结合小组合作的团体成绩来作为学生的成绩,有效地提高每一个学生的参与积极性。

① 教师评定。依据学生的学习参与度、纪律性、合作能力、技能掌握等方面达成度进行星级评价。

② 学生自我评价。学生对自己的遵守纪律、技能掌握、意志品质、团队合作等方面进行综合评价,主要体现在每日日志、《军旅日记》和活动总结中。

③ 团队评价。在"阅兵、会操"的展示平台上通过全班合作,开展国防军事知识、队列、救护等几个方面的竞赛,评选各项目的优胜班级。

2.教师考核

在《国防教育》课程的实施中,对教师实行整体化、发展性的评价考核,有助于课程的有效实施,也有助于帮助教师了解学生的国防知识达成的成效,更有利于促成学生自救、队列、内务、拉练等能力的掌握。对教师的考核主要采取两种考核方式,即日常考核和总结性考核。

(1)日常考核

① 检查教师的授课情况。主要是授课方式是否生动活泼? 授课质量如何? 有无充分发挥学生的积极性? 是否在本学科教学中渗透了创新的内容?

② 检查队列教官和基地教练是否对教学目标严格执行?

(2)总结性考核

① 采取学生、参加活动学校教师调查问卷的形式,对活动达成度、课程内容的受欢迎程度、教学效果等进行综合评价。

② 根据参加活动的学生在《国防教育》课程的学习和相关的大比武活动中

对国防军事知识、技能掌握的情况,所取的成果进行考核。

课例9 《农事体验》专题研修评价

(一)课程说明

《农事体验》是一门以六年级学生为授课对象,课程分为走进农业园、体验农民事、奔向新农村、品味茶文化、我是小农民五个板块,通过参观农业基地、聆听科学讲座、体验农事劳作、模拟野外生存等形式,既了解农业发展的基本状况,又身体力行,让六年级学生亲身体验劳动的艰辛和收获的愉悦,从而培养深刻的农事情怀,在体验中磨炼意志与品格,进一步增强热爱生活情感的课程。

(二)课程内容

1.课时分配

课程根据六年级学生身心特点和能力程度,总计24课时。课程实施时间为一周(五天),一般安排在每年10月至11月间,既有外出考察体验,参观学习,也有听讲座,伙伴合作的研究性学习内容。

2.内容结构

农事教育课程可分为如下几个部分:

① 农业知识类

主要包括聆听蔬菜水果培植讲座、水稻文化讲座,茶叶博物馆、农具馆参观、电影资料片观看等课程。对学生进行农业知识的普及,了解农业发展的概况,拓宽学生知识面,丰富知识体系,进而激发学生参与课程学习的热情。

② 农事体验类

让学生走进农村的广阔天地,全方位接触农民的生活,参与到真实的劳动体验中去,例如本课程中就安排了插秧、土培、割稻、采茶泡茶等课程内容。随着课程的进一步开发和完善,将会有更多的农事体验内容可以融入课程中去。

③ 科技前沿类

本课程还着眼于科普创新类课程和农业科技课程的开发。志在引领学生在农业科技、生物技术等领域的研究性学习,从而培养学生爱科学、学科学、用科学的素养。

④ 地方特色类

本课程因地制宜,充分拓展地方课程资源,课程安排了一整天时间,让学生了解具有杭州特色的茶叶文化。这既是地方农业资源的一种体验式学习,更是一次了解家乡、爱家乡、以家乡为荣的教育过程。

⑤ 团队竞技类

除了安排个人、小组为单位的农事体验活动,本课程穿插了团队竞技类的内容,例如以检测农事技能为目标的"我是小农民"农村趣味竞技运动会,也有以农事知识梳理为目标的知识竞赛。这一类课程不仅能激发学生参与课程学习的积极性,巩固所学知识技能,更是一次有效的团队建设。

根据课程内容分类,每年的农事体验课程内容都会有所微调,但总体的课程目标和课程架构是不变的,以最近一次的2018学年的农事体验课程内容总表为例(见表4-17):

表4-17 新班级教育·农事体验课程内容设置

	周一	周二	周三	周四	周五
主题	走进农业园	体验农民事	奔向新农村	品味茶文化	我是小农民
上午	内务整理、听蔬菜种植知识讲座	农事体验	稻田收割、农具馆参观	茶艺师进校园	总结会、知识竞赛
下午	走进农业园	野炊、劳作实践	参观新农村	参观茶叶博物馆	1:00放学
晚上	内务整理	一封家书	农业前沿	电影、露营	

(三)课程评价

1. 学生评价

农事体验课程注重学生在课程学习中的实际表现和发展状况。评价内容上要关注过程、兼顾结果。评价方式上注重自我评价和他人评价、个别评价与集体评价、形成性评价与总结性评价相结合。评价过程上强调客观公正、实事求是。通过成果展示、研讨答辩、访谈观察、成长记录等途径,对学生的综合实践能力、态度、情感和价值观进行整体评价。

在学生的活动手册上,每一天的活动都会附有一张个性化的活动评价表,根据当天的课程内容设计的评价表格,避免了评价的千篇一律,更体现了本课程评价的科学性、有效性、过程性和激励性。

(1)主体性原则

学生是评价的主体,因此,主张采用"自评"标准,引导学生对自己在劳动实践活动中的各种表现进行"自我评价"。同时劳动过程常是集体活动过程,因此也强调师生之间、生生之间对彼此的个性化的表现进行星级评定和综合评定。

比如六年级学生在参加"农事体验"专题研修课程第二天时,学习了基本的农事劳动,体验了筑篱笆、排水灌溉、挖番薯等活动,还参加了趣味竞技活动,培养"自己动手,丰衣足食"的劳动意识,提高了农事实践能力。评价表中,引导学生对当天的学习表现开展自评和互评,并以轶事记录的方式再次体味农事劳作中的点滴感受,将自己的进步沉淀下来(见表4-18)。

表4-18　农事实践活动记录

活动项目	能　力		态　度	
	自　评	互　评	自　评	互　评
农事体验	☆ ☆ ☆	☆ ☆ ☆	☆ ☆ ☆	☆ ☆ ☆
多肉种植	☆ ☆ ☆	☆ ☆ ☆	☆ ☆ ☆	☆ ☆ ☆
农民运动会	☆ ☆ ☆	☆ ☆ ☆	☆ ☆ ☆	☆ ☆ ☆
野炊	☆ ☆ ☆	☆ ☆ ☆	☆ ☆ ☆	☆ ☆ ☆

在这些活动中,我印象最深的是＿＿＿＿＿＿,因为＿＿＿＿＿＿＿

＿＿＿＿＿＿＿＿＿＿＿＿＿＿＿＿＿＿＿＿＿＿＿＿＿＿＿＿＿＿＿＿＿

＿＿＿＿＿＿＿＿＿＿＿＿＿＿＿＿＿＿＿＿＿＿＿＿＿＿＿＿。

在野炊活动中,我负责＿＿＿＿＿＿＿＿＿＿任务,我对自己组制作的饭菜质量评价为:＿＿＿＿＿＿＿＿＿＿
＿＿＿＿＿＿＿＿＿＿＿＿＿＿＿＿＿＿ ,
其中最满意的是＿＿＿＿＿＿＿＿＿＿＿＿＿＿＿
＿＿＿＿＿＿＿＿＿＿＿＿＿＿＿＿。

（2）激励性原则

充分尊重和保护学生的活动体验的初衷,鼓励学生积极展示过程中的物化成果,体验进步和快乐,满足学生的成就动机。

下面这张表格是学生以小组为单位走进新农村的实践活动记录单,作为生活在城市的孩子,能够有机会亲临农村,体验农事,心情是非常激动和期待的。他们将在教师指导下确定研究主题,在讲座和参观、体验等活动中搜集研究主题的相关信息,然后合作完成学习作业,可采用日记、报告、表格、图文展示等,最后组间互评各组的学习成果(见表4-19)。

表4-19 "走进新农村"实践活动记录单

组 名		研究成员（姓名）		研究内容	
探究时间			探究地点		
探究流程					
学习成果（日记、报告、表格、图文展示等）					
评价	自评	搜集、处理信息能力 ☆☆☆	合作技能 ☆☆☆		学习成果 ☆☆☆
	组评	搜集、处理信息能力 ☆☆☆	合作技能 ☆☆☆		学习成果 ☆☆☆

（3）形成性原则

劳动过程的评价不以学生的物化成果为唯一量化指标,侧重关注学生参与活动的过程,考察其发展过程中纵向的对比。

（4）发展性原则

除了对学生活动表现的全程评价促进其持续性发展外,还注重对活动课程本身的评价和优化。在活动结束后,项目组还会请学生对教师和课程本身做出评价,以促进课程的更新与发展。

农事体验课程回顾总结

我对本周农事体验课程的满意度:☆ ☆ ☆

我最喜欢的课程内容:

☐ 科学家进校园　　　　　☐ 参观农业园

☐ 茶艺师进校园　　　　　☐ 稻田收割

☐ 参观茶叶博物馆　　　　☐ 参观农具馆

☐ 定向野外寻宝　　　　　☐ 参观新农村

☐ 野炊　　　　　　　　　☐ 野外露营

☐ 农事体验　　　　　　　☐ 知识竞赛

我对课程内容的意见与建议:＿＿＿＿＿＿＿＿＿＿＿＿＿＿＿＿＿＿

＿＿＿＿＿＿＿＿＿＿＿＿＿＿＿＿＿＿＿＿＿＿＿＿＿＿＿＿＿＿＿＿

我对活动组织的意见和建议:＿＿＿＿＿＿＿＿＿＿＿＿＿＿＿＿＿＿

＿＿＿＿＿＿＿＿＿＿＿＿＿＿＿＿＿＿＿＿＿＿＿＿＿＿＿＿＿＿＿＿

这是一周的农事体验活动课程结束后,项目组向学生发放的一份问卷调查,分别从整体满意度、课程内容和课程组织几个方面征集反馈信息。项目组分类整理后,一方面及时向学生做好反馈,另一方面着手改进课程的设计与实施,进一步提高课程的适应性和创新性。

2.教师评价

加强对学农基地指导老师的培训和考核评价,有利于帮助教师了解学生的基本农业兴趣和价值取向,有利于学农课程的进一步深入课堂和课外实践活动。对教师的考核主要采取两种考核方式。本课程对教师的评价包括以下几个方面：

(1) 管理时间

因本课程需每位管理教师24小时陪伴学生参与课程，极大程度上需要教师摒弃个人利益、家庭利益，全身心投入到课程管理中来。因此，保证课程管理的时间成为最基本的评价要求。当然，在以往三年的课程管理中，每位管理教师都能兼顾好工作和家庭，除生病等特殊原因，其余教师都能坚守工作岗位，参与课程管理。

(2) 管理绩效

在课程管理过程中，管理教师是否能充分尊重学生，发挥学生学习的主动性和积极性，在过程实施过程中，及时地予以帮助和指导，不断调整教学过程，发现问题，及时纠正，并不断总结，使得整个课程能顺利地研发和实施。

(3) 团队价值

本课程不但注重学生的团队合作，也希望每个管理教师能在课程实施过程中精诚合作，及时补位，发挥团队协作的巨大效能，使得课程的开展不是单打独斗，而成为群策群力的过程。教师的团队合作，不仅能发挥各管理教师的自身特长，更能在学生活动中起到良好的表率作用。

四、反馈与改进

在教学评价研究中，反馈与评价效果紧密相连，是评价过程中的一个有机组成部分。在这里，专题研修评价中的反馈指的是向师生提供有效评价信息的反馈，目的是让师生及时了解专题研修活动的效果、亮点与不足，进而完善活动方案，使研修活动的结果更加接近所要取得的目标，使师生在参与活动的同时，拥有自我反思、自我监控、自我改进的能力。

实施有效反馈与改进，有以下三个原则：

第一，必要性原则。学生在评价中会提到许多意见或不足，针对活动内容、活动组织或者自身表现的都有，但并不是所有的信息都有必要反馈或纠正，有些只是学生的展示与活动设计的偏差。对于这些并不影响学生掌握知识或技能的"偏差",如果教师一一反馈,反而会打击学生的积极性。比如在农事体验活动中学生进行野炊,每个学生分工后各自进行,洗菜、淘米、生火、炒菜等等,但由于天气原因,拾到的柴火潮湿难用,最后学生费了很大工夫才完成了这一项生存任务,严重超时。像这样的评价就没有必要去特意纠正超时这一问题,顺其自然,在最真实的学习环境中就应该让学生真实地发挥。

第二,准确性原则。得到所有的评价信息后,教师要仔细分析,在此基础上,提出改进建议。在《走进社区》活动中,学生提的最多的意见是关于"丰二社区"的,教师要仔细梳理这些意见,是关于活动内容还是活动形式,是时长问题还是距离问题,然后才能准确地加以反馈,针对不同方面的问题,给出不同的改进建议。同时,根据评价结果,也要对学生的学习情况做出准确反馈,让学生对自己的表现做出及时调整。

特别要指出的是,准确的反馈应该是描述性的,而非判断性的。描述性反馈可以对学生的表现给予表扬,对需要改进的不足之处予以具体的建议。只有得到了具体的反馈,学生才能更清楚地认识到自己,知道下一步应该怎样做,怎样做才能更加接近目标。

第三,合理性原则。恰当的反馈时机、反馈方式是有效反馈的前提。教师要对活动中的不同问题采取不同的反馈时机(及时反馈、延时反馈)、反馈方式(笔头记录档案、口头围圈分享、单独反馈、集体反馈)。通过合理的反馈,学生就能了解自己学习过程中的缺陷和不足,以便进行自我纠正,最终达到活动目标。

第四,积极性原则。有效反馈应以积极的方式传递给学生,以便其进行自我纠正。有效反馈要以肯定、鼓励为主,不要进行否定评价。学生的学习热情受到保护,有利于其减轻压力,提高自信心,更加有动力地投入到下一步学习中。

第三节　项目学习评价

一、概念与特点

项目学习是以任务驱动为主的一种学习方式,学生紧紧围绕一个共同的任务活动中心,在强烈的问题动机的驱动下,积极应用身边的学习资源,通过独立思考、合作交流、自主探究,在完成既定的学习任务的同时,收获新的学习体验。它的评价目标与项目设计是同时确立的,与项目学习所指向的素养目标是一致的,且高度重视过程性的评价。项目学习评价一般包括两部分内容:一方面是对学生完成任务完成的结果的评价,即结果性评价;一方面是对学生在完成任务的过程中所呈现的非智力因素的评价,即过程性评价。

项目学习评价的特点是:1.项目学习评价更强调任务完成过程中的学科应用和问题理解;2.项目学习的评价范围更广,也更为多元,不仅是学科知识的理解和应用,还有对非智力因素的评价;3.项目学习评分形式的多元化,评分主体有自评、同伴评、老师评、家长评,评分形式有等级、分数,以及文字描述,主体和形式的多样化让评价的内容更为丰富、立体。

二、意义与价值

项目学习注重将外部评价与自我评价相结合。外部评价为学生正视自己的学习状况提供了视角,了解自己的问题所在。但内因才是前行的最大推动力,所以通过自我评价对自己的表现进行客观评价和及时反思是非常有必要的。而将外部评价与自我评价相结合,才能真正地转化为深度的自我认知,从而对学生起到真正的促进作用。

项目学习的评价目的是促进个体更好地发展。通过过程性评价可以更早地发现学生学习中的问题,比如在沟通素养评价中,评价分为同理心、有效表达、深度理解这三个维度,如果老师发现学生在某个维度比较薄弱,则可以在教学中进行有针对性的训练,帮助提高沟通素养,从而更好地实现育人目标。

三、设计与实践

目前崇文经历的项目学习有创新研究室、研究性学习、综合能力测试等,接下来将对这些学习的评价设计分别进行阐述。

课例10 《创新研究室》项目学习评价

创新研究室适合小学三到六年级学生参加的定制项目学习。学生每学年参加为期2周共12课时的学术研究,分为"研究主题确立—论文撰写指导—研究活动展开—信息技术学习—学术发布会召开"五大板块。

该课程通过老师对学生一对一地进行学术研究的指导,同学组内个性化的交流,使学生在学习某个领域上有突飞猛进的发展,甚至成为这一方面的小专家,并且通过发布会的形式锻炼学生的交往能力,口头表达能力,思辨能力等,真正做到"私人定制"。

创新研究室强调学生的个性化差异,每个学生关注的数学、科学或信息的知识点不同,感兴趣的领域不一样,研究的深度有差异,这就需要老师有针对性地对学生的研究内容进行逐一指导,注重教学目标的个性化,教学方法的多样性,教学评价的多元化。使课程有利于激发学生学习的兴趣,初步养成自学和独立专研的能力。

1.评价内容

(1)任务完成的表现性评价,如探究精神、沟通能力、合作能力。

(2)任务完成的结果性评价,如内容的创新性、论证的合理性以及撰写的规范性。

2.评价形式

(1)给每个有研究性学习成果的学生颁发证书。

证书分三个层级:杰出成果奖、提名成果奖和入围成果奖。

(2)在每学期期末评价中,可以反馈到学生手册的学习报告单部分,写在"所获荣誉奖项"栏目。在各项评选中,根据研究性学习内容和成绩,可成为学生综合能力评价参考。

(3)每一次的表现和记录都存档放入文件夹,每位学生都有自己的成长档案。

3.学习评价记录单

(1)自我评价

学生对自我完成整个研究性学习过程的监控和评价(见表4-20)。

表4-20　自我评价表

开题方案:	☆☆☆☆☆	期中汇报:	☆☆☆☆☆
修改方案:	☆☆☆☆☆	最终成果:	☆☆☆☆☆
努力程度:	☆☆☆☆☆	整体满意度:	☆☆☆☆☆

(2)同伴评价

如同一个课题中有合作伙伴,同伴对其完成整个研究性学习过程的监控和评价(见表4-21)。

表4-21　同伴评价表

开题方案:	☆☆☆☆☆	期中汇报:	☆☆☆☆☆
修改方案:	☆☆☆☆☆	最终成果:	☆☆☆☆☆
努力程度:	☆☆☆☆☆	整体满意度:	☆☆☆☆☆

(3)家长评价

家长对孩子完成整个研究性学习过程的监控和评价(见表4-22)。

表4-22　家长评价表

开题方案:	☆☆☆☆☆	期中汇报:	☆☆☆☆☆
修改方案:	☆☆☆☆☆	最终成果:	☆☆☆☆☆
努力程度:	☆☆☆☆☆	整体满意度:	☆☆☆☆☆

（4）教师评价

①过程性评价单

表4-23　开题方案评价单

评价维度	★	★★	★★★
可行性			
结构合理			
研究价值			

表4-24　中期汇报评价单

评价维度	★	★★	★★★
完成程度			
阶段成果			
现实意义			

表4-25　修改过程评价单

评价项目	★	★★	★★★
第一次修改			
第二次修改			
第三次修改			

②结果性评价单

综合各阶段的评价记录和自我评价、同伴评价、家长评价的结果，对学生的整体表现进行评价，完成《创新研究室》课程学习评价记录单（见表4-26）。

表4-26 《创新研究室》课程学习评价记录单

课题名称			
课题组长	CW501XXX	指导教师	
评价内容	**评价记录**	**反馈指导**	**标准参照**
选题及文献			能够有思考地进行选题考量;能够依据主题进行多样方法的文献查阅及信息选择。
研究方法			合理、规范、多样化。
材料收集			能围绕研究的主题进行研究素材的合理选择和有效收集。
研究过程			根据研究计划执行,主动与指导老师探讨课题问题。
小组合作			分工与合作清晰协同,通过总结或对学生的访谈进行评价。
回答问题			能抓住关键问题,讲解有条理,有逻辑,小组能有效配合。
报告撰写			表达清楚,文字简洁流畅,格式规范,观点鲜明,有见解。
报告陈述			表达清楚有条理,语言简洁、流畅,语态自然,仪表端庄。
非预期成果			研究过程中所取得的各类有意义的进步、成长或成果。
成果创新性			新颖,有独到的见解,能在实践中有较深的体悟。
时间运用			恰当,不超时。
成果发布	A.参加班级发布会( ) B.参加年级发布会( ) C.参加学校发布会( )(校园网络发表/校园成果汇编等) D.参加区级及以上发布会( )(推荐给杂志社公开发表等)		
研究起讫	202001—202003	综合评价	(等级ABC)
导师签名			

研究性学习评价,英文表述为:Project learning,指项目课程、主题研究、综合学习等,又称"研究性学习"。源于美国,是20世纪80年代以来国际教育界较为普遍推崇和实施的一种新课程。广义理解,研究性学习泛指学生主动探究的学习活动。它指的既是学习理念,又是学习策略,还是学习方法。适用于学生对所有学科的学习。狭义理解,研究性学习作为一门独立的课程,在教学过程中以问题为载体,创设一种类似科学研究的情境和途径,让学生通过自己收集、分析和处理信息来实际感受和体验知识的生产过程,进而了解社会,学会学习,培养分析问题、解决问题的能力和创造能力。

研究性学习是连接学习和生活的纽带,是学生学习的必然诉求。对于学生来说,回归生活是新课程改革的必然归属,学以致用是学生学习的必然诉求。这种展示学识应用的过程与结果,将学习联结生活,回应了学生学习的基本诉求。

崇文现有《童眼看世界》《童心述天下》《童行地球村》这三类研究性学习课程,分别对应低中高三个年段。

1.评价内容

(1)活动过程中行为能力及其发展状况。主要包括:活动主题或活动项目的选择和确定的状况。要评价学生活动主题或活动项目的意义、学生在主题或项目选择和确定中的作用。

①提出问题的能力。综合实践活动通常围绕一个需要解决的实际问题展开。在活动过程中,通过引导和鼓励学生自主地发现问题和提出问题,逐步形成质疑、探究的能力。

②活动方案的制订状况。要评价学生制订活动方案的能力、活动方案本身的合理性程度、活动方案的具体化程度等。

③活动过程的具体行为方式。要评价学生在活动过程中的具体行为,如行为的合理性、行为方式的多样性、具体的操作方式、参与实际情境的深度及文献资料、具体事实材料的搜集与加工情况等。

④创新精神和实践能力的发展情况。要评价学生是否不拘泥书本,不迷信权威,独立思考,标新立异,大胆提出自己的新观点、新思路、新方法,并积极

主动地去探索,要评价学生从提出问题到解决问题的全过程所显示的探究精神和能力。

⑤活动的总结情况。要评价学生的活动报告、成果或产品等情况以及在总结、汇报、交流阶段的综合表达能力。

(2)活动过程中学生的态度、情感发展。主要涉及行为所反映的情感、态度和价值观的发展状况。

①学生参与活动的主动性、积极性和创造性状况。对活动的专注程度、喜欢程度,对周围环境中重要事情、现象的关注程度、主动参与程度,是否爱发表意见、爱出主意、是否有自己的看法,是否能用学过的知识解决一定的问题,是否能想出各种获取信息或解决问题的途径等。

②学生在活动中的合作精神。如是否认真参加活动,努力完成自己所承担的任务,主动提出研究建议,能否与他人合作,采纳他人意见和学会分享共同成果等。

③学生各种良好思想意识的发展状况,如环境保护意识、社会责任感、服务意识、安全意识、效率意识等。

2.评价方式

综合实践活动中的学生评价方式多种多样。主要有:活动作品鉴赏与分析、学生自我反思、教师观察评价、评价表分析等。

(1)观察评价

综合实践活动评价常常使用这一方法,它要求观察记录学生在活动中的实际表现以把握学生活动的本来面貌。

(2)自我评价

自我评价,指学生按照一定的标准对自己在参与主题研究过程中的态度和成效做主观性评价。自我评价不是从教师的方面给予一个方面的评价内容,而是学生根据学习活动特点设定自己的目标,并根据自己的学习目标实施具体的自我表现的学习活动,通过学习的结果与自己的学习目标相对照而进行自我评价。这种评价方法为学生加强实践活动体验,记录活动原始感受,以及由此产生自我内省提供了机会。

自我评价需要从学生和教师两方面考虑,设定的方式有多种:一是由教师设定评价项目和评价方法,然后学生进行自我评价。二是教师给予几个评价项目和评价方法,学生从中进行选择,然后进行自我评价。三是完全由学生自己设定评价项目和评价方法而进行的自主性的自我评价。

（3）师生相互商讨评价

这是一种把学生和教师的观察记录等各种资料作为依据,互相商讨,然后综合结果的方法。包括学生互评、教师协同商讨和师生民主评议等。学生互评可采用表格式,将所评定的事项、标准和具体内容预先制表,由学生互相评议。

（4）成果展示评价

成果展示是综合实践活动学生评价较为突出的、经常运用的方法之一。在实践活动的不同阶段,将学生的科技小论文、调查报告、设计方案等具体成果公布于众,或以学生喜闻乐见的形式安排展出,让学生感受成功、体验喜悦、协作共勉。在同一主题的学习实践中,学生采用的方法不同,对主题的挖掘程度、广度也会有所差异。通过交流,可以帮助学生比较不同方法的优劣和作用,有效地丰富学生学习的方法,最终利于学生取长补短。

3.评价建议

（1）研究性学习的学生评价要求建立多元的评价体系,评价的目的不再仅仅是甄别和选拔学生,而应该是促进学生的发展,促进学生的潜能、个性、创造性的发挥,使每个学生具有自信心和持续发展的能力。

（2）评价重点是评价计划的完整性和科学性,研究过程的可操作性和对主题的挖掘性以及对所有成员进行态度和操作行为的评价。

4.评价监控

（1）重过程评价,轻结果评价。

（2）重组内的共同合作和参与,重参与的情感和态度。

附：

表4-27 研究性学习评价序列指南（第一学段）

类别	主题内容预设（35个）
多彩生活 （生活类）	1.好玩的游戏。 2.交通安全我知道。 3.我是小当家。 4.我是运动小达人。 5.我的房间我做主。 6.健康早餐我做主。 7.和家人一起的快乐时光。
小小记者 （焦点类）	1.数学兴趣班受人欢迎的原因。 2.小学生玩电子游戏的坏处。 3.共享单车存在的利与弊。 4.垃圾分类，杭城做得好吗？ 5.一、二年级小朋友近视现状。 6.有了手机，我们还需要订报纸吗？ 7.雾霾天，我们要注意什么？
文化使者 （文艺类）	1.诗画天地——"儿童诗"研究性学习。 2.茶叶寻春——"茶文化"研究性学习。 3.冰波与微童话——"微童话"研究性学习。 4.西湖古诗词研究。 5.历史上的中国名人与杭州。 6.崇文×年级学生的课外阅读情况调查。 7.崇文×年级学生的亲子阅读情况调查。
科学探索 （自然类）	1.天气与穿衣。 2.蚕宝宝的一生。 3.校园昆虫记。 4.小黄豆长大了。 5.我身边的指南针。 6.垃圾分类小达人。 7.淘气的"水"。

154

续　表

类别	主题内容预设（35个）
自主创新 （创新类）	1.风筝飞起来。 2.家庭寻根探究。 3.给书包"减负"。 4.石头的故事。 5.我是旅行家。 6.校园绿化卫士。 7.价格的学问。

表4-28　研究性学习评价序列指南（第二学段）

类别	主题内容预设（57个）
走近生活 （生活类）	小学生早餐问题调查、小学生休息日作息安排调查、"小海燕跳蚤市场"畅销商品调查、小学生课外兴趣班现状调查、护眼灯真的能保护眼睛吗、你受到了蓝光污染吗、小学生近视眼情况调查、地球一小时节约我校节约了多少电的调查、小学生电子产品使用情况调查、小学生运动形式和运动量调查、小学生手机拥有和使用情况调查、小学生眼镜使用情况调查、和爸爸妈妈在一起的美好时光——调查学生在家最爱和爸爸妈妈动手做的事情调查、零花钱的使用调查与研究、快乐的六一联欢会、班级一分钟才能战士、如何成为一个受欢迎的人。（17个）
学习吧台 （学科类）	数学类： 公式推导;定理验证。 科学类： 期末复习策略的制订、小学生亲子共读现状调查、植物大世界调查、动物大世界调查、中国的传统节日调查、西方传统节日调查、中国邀请函和西方邀请函的差别、小学生英语绘本阅读情况调查、小学生课外英语学习情况调查、学生课外兴趣班的类型及用时调查、关于学生喜爱的课外读物类型情况调查、中国传统文化调查、战争中的儿童、怎样让泡泡吹得更大、怎样让纸飞机飞得更远。（15个）

类别	主题内容预设(57个)
学习吧台 (学科类)	小学生最喜欢的春游地点小调查、小学生最喜欢的秋游地点小调查、崇文学生最喜欢的俱乐部小调查、崇文家长最喜欢的俱乐部小调查、小学生最喜欢的学校活动的调查(Our school events)、小学生最喜欢的食物的调查(Food we like)、小学生做家务情况的调查(Helping at home)、小学生上学交通工具的调查(Coming to school)、小学生最喜欢的运动类型的调查(Sports we like)、小学生最喜欢的节日调查(Festivals we like)、小学生最喜欢的英语学习方式调查、关于学生喜爱的课外读物类型情况调查、我爱运动——学生最喜欢的运动类型调查、崇文中段学生睡眠调查、崇文中段学生运动调查、最受欢迎的阅读节内容调查、最受欢迎的数学节内容调查、最受欢迎的英语节内容调查、最受欢迎的科技节内容调查、最能促进长高的运动项目调查。(20个)
综合运用	制订个人身体素质处方单、关于杭州雾霾天气的调查报告——十面"霾"伏还我清澈天空、肉眼看不到的微生物研究、祖国的大好河山——制订出游计划、野生动物园之旅。(5个)
自主DIY	

表4-29　研究性学习评价序列指南(第三学段)

第一板块：生活 实践主题	1. 小学生校园意外伤害情况调查。 2. 我们生活中的广告。 3. 某一个传统节日习俗和文化研究。 4. 湘湖能成为第二个西湖吗？——湘湖的旅游开发现状研究。 5. 崇文同学的消费观研究。 6. 小学生课余生活现状的调查。
第二板块：社会 焦点问题	1. 杭州的路灯研究。 2. "民办中小学热"是怎么产生的？ 3. 奥数的喜和忧——×校小学生"学奥数"情况的调查。 4. 杭州能成为"北上广"这样的一线城市吗？ 5. 父母如何陪伴孩子——×班父母陪伴孩子情况调查。 6. 如何治"堵"——杭州市区道路拥堵情况调查。

续　表

第三板块：文学 艺术话题	1. 穿在身上的"文化"——"衣"主题研究性学习。 2. "楼盘名"所折射的文化心理。 3. 麦家和他的作品研究。 4. 苏东坡与杭州。 5. 西湖楹联研究。 6. 历史上的外国名人与杭州。
第四板块：自然 环境话题	1. 校园里应该布置哪些绿植和景观？ 2. 走进杭州植物园。 3. 杭州的"水"研究。 4. 西溪湿地的鸟。 5. 杭州×小区的垃圾分类调查研究。 6. 杭州近十年来的空气情况研究。
第五板块：自主 创新选题	1. 崇文×年级家长的情况调查。 2. 崇文五、六年级学生的性知识调查研究。 3. 雷峰塔的变迁。 4. 杭州"名小吃"与文化。 5. 京杭大运河与杭州。 6. 小学生"海外游学热"的研究。

《综合能力测试》项目学习评价

1. 一年级——"超市购物"

（1）测试说明

学生到超市选购总金额为20元的物品（所选购的物品中,必须要有为他人购买的）。当学生选购完物品后,就来到访谈点进行访谈。

（2）检测内容

①物品的总金额是否等于20元：由超市营业员做检测员（可见购物清单）。

②请学生简单陈述：为自己购买了什么物品？为什么买这些物品？其他物品送给谁？为什么？教师根据学生的陈述给出相应的等级。

（3）评价标准

①当第一次所购物品的总金额为19~20元,则该生的数学计算等级为

"优"。第一次购物有误（总价不在19～20元之间），教师提醒学生一次，请他重新购物，正确后等级为"优秀"。取消"不合格"等级。

②如该生的表述清楚，并能合理解释所购物品的理由，则该生"自我表述"等级为"优秀"，其余为"合格"，取消"不合格"等级。

(4)访谈建议

①为自己购买了什么物品？为什么买这些物品？

②其他物品送给谁？为什么？

③购物过程中你遇到了什么困难吗？怎么处理的？

④遇到营业员阿姨时，问好了吗？阿姨怎么说的？付款结束要离开时，说"再见"了吗？

⑤对于这次测试，你还想说点什么？

(5)访谈表格（评价报告单）

表4-30　综合能力测试报告单（一年级）

测试任务		超市购物	
姓名		班级		综合评定	
分项评定			
数学计算		自我表述	
学生访谈记录			
购买前你最想买的是什么？给谁买的？为什么？			
购物中遇到过困难吗？怎么解决的？			
其他（教师自拟"个性"问题）			
主测、评定教师签名			

2.二年级——"我为全家准备晚餐"

(1)测试说明

①设计菜谱(与家长共同进行)

学生与家长一起在测试前商定、设计好菜谱(如:为什么设计这些菜?爸爸喜欢吃什么?奶奶喜欢吃什么?这些菜有什么营养成分?搭配是否合理?等),并填写好表格中的菜谱栏、设计说明及原料栏。

②采购原料(教师带领去菜场)

根据菜谱,由教师带领学生去菜场选购原料,学校提供资金50元,学生自备一只环保购物袋。

③统计、说明(学生自己填写)

采购原料之后,填写表格。在"设计说明"中填写自己所设计菜谱的理由。统计每种原料的金额,并计算出合计金额。填写测试感受。

表4-31　我为全家准备晚餐

姓名		班级		用餐人数	
菜单设计			为什么要设计这些菜		
统计	需购买的物品(原料栏)		数量	实际所用金额	

续　表

统计			
	合　计		
老师的记录			
我的感受			
爸妈的话			

（2）访谈建议

① 哪几个菜是我设计的？为什么要设计这几个菜？

② 我最先想到的是什么菜？为什么？

③ 你觉得自己设计的最得意的一道菜是什么菜？为什么？

④ 有爸爸妈妈帮忙设计的菜吗？你觉得这个菜怎么样？

⑤ 你考虑到营养搭配了吗？你觉得自己的菜谱设计搭配合理吗？为什么？

⑥ 你为了设计菜谱咨询或查阅过相关的资料或小常识吗？为什么？

（3）评价内容及说明

① 原料采购金额正确的，定为"优秀"，其他定为"合格"，取消"不合格"。

② 菜谱设计较合理，如考虑到营养搭配、为他人着想、数量较合理等，则定为"优秀"等级，其他定为"合格"，取消"不合格"。

③ 学生陈述清晰，清楚地表达了活动的感受的，则定为"优秀"，其他为"合格"，取消"不合格"。

④ 评定时请注意，评价报告单分项成绩中的设计菜谱项目包含设计说明，统计金额项目中包含原料分类，陈述想法项目中包含活动感受。

⑤ 以上评定中有不少于两个"优秀"的，则综合测试成绩定为"优秀"。

（4）评价报告单（见表4-32）

表4-32　综合能力测试报告单（二年级）

测试任务		我为全家设计晚餐		
姓名		班级	综合评定	

分项评定

评价内容	评价指标	星级	成绩
菜谱设计	美味	☆ ☆ ☆ ☆ ☆	
	营养	☆ ☆ ☆ ☆ ☆	
	贴心	☆ ☆ ☆ ☆ ☆	
理财能手	精打细算（>48元）	☆ ☆ ☆ ☆ ☆	
	细心保管	☆ ☆ ☆ ☆ ☆	
爱心表达	与他人交流	☆ ☆ ☆ ☆ ☆	
	与家人分享	☆ ☆ ☆ ☆ ☆	
主测、评定教师签名			

3.三年级——"我心中的崇文十景"

（1）测试说明

① 任务一：小组分工，明确任务。我们的工作有：剪贴、绘画、看图写话、汇报。

（　　　　）的工作是（　　　　）（　　　　）的工作是（　　　　）

（　　　　）的工作是（　　　　）（　　　　）的工作是（　　　　）

（　　　　）的工作是（　　　　）。

② 任务二：寻找"崇文十景"，制作校园平面图。小组合作，寻找校园十景，制作校园平面图。可以自行绘画，也可以用老师提供的图片剪贴。

③ 任务三：看图写话。给"崇文十景"配一段简短的介绍词。

④ 任务四：成果汇总、制作展示图。

⑤ 任务五:班级成果分享。

(2)评价内容及说明

① 总体等级评定

总评A:有4项及以上为A。

总评B:有2~3个为A。

总评C:只有1项得A。

② 分项评定细则

📖 交往合作能力

A——能主动向老师、同学请教,试卷末有2个及以上咨询者的签名。

B——能向老师、同学请教,试卷末有咨询者的签名。

C——不太愿意向他人请教,试卷无咨询者的签名。

📖 个性表达、逻辑思维的能力

A——语言组织能力较强,表达有顺序、有特点。

B——基本达意,顺序清楚。

C——答非所问(或词不达意),语无伦次。

📖 审美意识和绘画能力

A——形象表现校园一景,构图丰富,用色和谐。

B——能够表现出校园一景的特征。

C——景物特征不明显,画面松散、凌乱,不洁。

📖 数学方位感

A——制作校园平面图,8处及以上正确。

B——制作校园平面图,5处及以上正确。

C——所绘统计图错误。

📖 卷面整洁程度以及书写质量

A——卷面清楚、整洁,书写认真。

B——卷面较清楚。

C——字迹糊涂,卷面不干净。

（3）过程评价单（见表4-33）

表4-33 多主体评价单

评价单	自我评价	在完成此次合作任务中,我对自己的评价是: ☐ 出色　　☐ 良好　　☐ 一般
	同伴评价	在完成此次合作任务中,同学对我的评价是: ☐ 出色　　☐ 良好　　☐ 一般
	小组自评	任务完成效果:☐ 出色　　☐ 良好　　☐ 一般 小组合作氛围:☐ 愉快　　☐ 一般　　☐ 不开心
	教师评价	成果汇报:☐ 出色　　☐ 良好　　☐ 一般

（4）评价报告单

表4-34 综合能力测试报告单（三年级）

班　级		姓　名	
评定细目		评定等级	
交往合作的能力		A（　）B（　）C（　）	
个性表达、创造性思维的能力		A（　）B（　）C（　）	
审美意识和绘图能力		A（　）B（　）C（　）	
数学方位感		A（　）B（　）C（　）	
卷面整洁程度以及书写质量		A（　）B（　）C（　）	
总体等级评定		A（　）B（　）C（　）	

4.四年级——制作"节水强手棋"

（1）测试说明

①每副"节水强手棋"都应注明棋名、设计者、游戏规则、棋盘等内容,当然富有创意的你或许还会设计"机会卡""代金券"等更有意思的项目。

②每副"节水强手棋"不少于20步,每一步的内容都不能相同。整副棋都

要求围绕"水资源"这一主题进行设计,内容可以包括五水共治、水利工程、南水北调、生活节水等等,每一步既可以是奖励,也可以是惩罚。

③后附的水资源资料,可以帮助你了解和"水"相关的许多知识,请你仔细阅读,并寻找至少5处画下来,作为设计强手棋的依据。(注:请用方形外框)

④在生活中,时时刻刻离不开用水,刷牙、洗脸、冲厕所、拖地……没有水,我们的生活寸步难行。请你通过计算,了解生活节水的重要,并设计2个相关步骤。(注:请用六边形外框)

⑤我们设计了两条家庭节水标语,并把这两条标语设计到棋盘内容中去。

⑥完成之后,小组内的同学一起玩一玩这副棋。

(2)评价内容及说明

①总体等级评定

1.白色框一列4个A及以上,总评为A;2~3个A总评为B;其余总评为C。

2.灰色框6个A及以上,成绩评定为A;4~5个A成绩评定为B;其余为C。

②具体说明

📖 设计完整

A.棋名、设计者、游戏规则、棋盘四部分设计完整,有效步骤(重复算一步)不少于20步。

B.棋名、设计者、游戏规则、棋盘设计完整,有效步骤不少于18步。

C.棋名、设计者、游戏规则、棋盘缺失一项及以上或有效步骤不少于15步。

📖 主题明确

A.每一步都围绕"水"这一主题,题三、四、五中要求的步骤都无缺失。

B.基本围绕"水"这一主题,题三、四、五中要求的步骤缺失一项。

C.基本围绕"水"这一主题,题三、四、五中要求的步骤缺失两项及以上。

📖 资料搜集

A.根据后附资料,画找出5处内容,合理设计在棋盘中。

B.根据后附资料,画找出4处内容,能设计在棋盘中。

C.根据后附资料,画找出3处及以下内容,基本体现在棋盘设计中。

📖 计算准确

A.计算正确,并能仿照完成另一处设计,并体现在棋盘设计中。

B.计算有些许错误,完成另一处设计,并体现在棋盘设计中。

C.计算错误,未完成另一处设计。

📖 创意新颖

A.棋盘设计图文并茂,构思精巧,有两处及以上个性化的设计。

B.棋盘设计有色彩有文字,有一处个性化的设计。

C.棋盘设计没有个性化设计。

📖 交流反思

A.能主动邀请他人参与游戏并进行评价,能根据游戏过程进行有效合理的反思。

B.邀请他人参与游戏并进行评价,反思内容完整。

C.邀请他人参与游戏未进行评价,未完成反思内容。

(3)过程评价单

①我们对自己设计的"节水强手棋"提出的改进意见是_____。

②我还邀请了_____(至少3人)一起玩了游戏,并请他们评价。

版面设计制作☆☆☆ 节水宣传内容☆☆☆ 有趣程度☆☆☆

(4)评价报告单(见表4-35)。

表4-35 综合能力测试报告单(四年级)

班级		姓名		成绩评定	
评定细目 (教师)	评定等级	评定细目 (组内同伴)	评定等级	评定细目 (自己)	评定等级
设计完整	A( ) B( ) C( )	服从组内分工	A( ) B( ) C( )	服从组内分工	A( ) B( ) C( )

续 表

评定细目 （教师）	评定等级	评定细目 （组内同伴）	评定等级	评定细目 （自己）	评定等级
主题明确	A（ ） B（ ） C（ ）	认真完成任务	A（ ） B（ ） C（ ）	认真完成任务	A（ ） B（ ） C（ ）
资料收集	A（ ） B（ ） C（ ）	提出合理建议	A（ ） B（ ） C（ ）	提出合理建议	A（ ） B（ ） C（ ）
计算准确	A（ ） B（ ） C（ ）	遵守游戏规则	A（ ） B（ ） C（ ）	遵守游戏规则	A（ ） B（ ） C（ ）
创意新颖	A（ ） B（ ） C（ ）	轻声友善合作	A（ ） B（ ） C（ ）	轻声友善合作	A（ ） B（ ） C（ ）
交流反思	A（ ） B（ ） C（ ）	总 评	A（ ） B（ ） C（ ）	总 评	A（ ） B（ ） C（ ）

备注说明：

1.白色框一列4个A及以上，总评为A；2～3个A总评为B；其余总评为C。

2.灰色框6个A及以上，成绩评定为A；4～5个A成绩评定为B；其余为C。

5.五年级——"为来杭州游玩的宾客设计'杭州三日游'攻略"

（1）测试说明

① 选择不同国家的来宾代表，根据其身份、年龄等特点，设计一份"杭州三日游"攻略。

② 请选择行程中最有特色的一处景点，撰写导游词（可包括当季植物，地形特点，历史由来，名人故事等）并在右边框中配景点简图，突出景点特征。

③ 请选择行程中最复杂的一天，为来宾画一条路线示意图，方便来宾顺利找到景点。并在路线图中，简单表示地形特点。

④ 攻略设计过程中,可以参照"材料1"中《北京三日游》的格式和内容,也可根据自己组的设计自行安排。但内容必须包含:行程特色、行程安排、特别提示和费用合计(不要忘记计算行程中来回的路费)。

⑤ 相关网站(百度输入关键词):携程、同程、去哪儿、12306铁路订票网、驴妈妈旅游网、淘在路上。

(2)评价内容及说明

① 总体等级评定

A:有5项及以上为A；B:有3~4项以上为A； C:只有2项得A。

② 具体说明

📖 组建小组能力

A.能主动构建小组,能进行合理分工,合作时能做到主动、积极、谦让。

B.以上三项能达到两项。

C.以上三项能达到一项。

📖 统筹规划能力

A.能根据来宾特点合理设计行程,行程设计完整,可操作,在"行程特色"中有至少3条针对性设计。

B.能根据来宾特点设计行程,行程设计基本完整,在"行程特色"中有至少2条针对性设计。

C.行程设计基本完整,在"行程特色"中有至少1条针对性设计。

📖 资料搜集和信息处理能力

A.能通过多种途径收集所需资料,分析和处理有条理性和针对性。

B.能收集所需资料,分析和处理的条理性或针对性中的一项有不足。

C.能收集资料,分析和处理比较杂乱,对上网工具的利用缺少自控力。

📖 数据分析和计算能力

A.旅行费用至少涉及五项支出,各项费用合理,合计数据正确。

B.旅行费用至少涉及三项支出,各项费用基本合理,合计数据正确。

C.有旅行费用这一项,并能进行合计。

📖 地图阅读和表达能力

A.能根据杭州地图内容,在路线图中正确标注景点方位,并能标明丘陵、湖泊、道路等地理要素。

B.能根据杭州地图内容,在路线图中标注景点方位,标注有1~2处小错误,能标注基本道路。

C.路线图基本标明所涉及的景点。

📖 图文设计能力

A.导游词编写能体现景点特色,语言优美清晰。简图设计体现景点特点,构图完整美观。

B.导游词编写围绕景点展开,语言基本清晰。完成简图设计,构图完整。

C.编写导游词,导游词中提到所介绍的景点。有简图设计。

📖 个性创新能力

A.行程特色、行程安排、路线图设计、导游词四项内容中有三项创新的元素。

B.四项中有两项创新元素。

C.没有创新元素。

(3)评价报告单(见表4-36)。

表4-36　综合能力测试报告单(五年级)

班　级		姓　名	
评定细目		评定等级	
组建小组能力		A(　) B(　) C(　)	
统筹规划能力		A(　) B(　) C(　)	
资料搜集和信息处理能力		A(　) B(　) C(　)	
数据分析和计算能力		A(　) B(　) C(　)	
地图阅读和表达能力		A(　) B(　) C(　)	
图文设计能力		A(　) B(　) C(　)	
个性创新能力		A(　) B(　) C(　)	
总体等级评定		A(　) B(　) C(　)	

6.六年级——我的"节日"我做主

(1)测试说明

① 设计校园活动卷首语。

② 做各活动流程安排。

③ 预估购置奖品数量与金额。

④ 选择背景音乐曲目。

⑤ 设计节日LOGO。

(2)评价内容及说明。

① 总体等级评定

总评A:四项及以上为A,无C。

总评B:三项为A,无C。

总评C:二项以下为A,或有C。

② 分项评定细则

活动一:设计卷首语

A:设计合理,条理清晰,文通句顺。

B:设计较合理,条理较清晰,语句较通顺。

C:表达模糊,不知所云。

活动二:做各活动流程安排

A:各内容主题、时长、地点安排均合理。

B:各内容主题、时长、地点安排基本合理。

C:内容设计马虎,时长、地点安排较混乱。

活动三:预估购置奖品金额

A:奖品份数正确,金额预算符合要求。

B:奖品份数正确,金额预算略有偏差。

C:金额预算严重不符合要求。

活动四:选择背景音乐曲目

A:据不同场景曲目选择首首合理。

B:曲目选择有1~2首较不合理。

C：曲目选择有3首及以上不合理。

活动五：设计节日LOGO

A：图案设计美观，设计意图合理通顺。

B：图案设计较美观，意图解释略牵强。

C：设计马虎，解释牵强。

活动六：调查过程表现

A：调查文明礼貌，卷面清楚、整洁，书写认真。

B：调查讲文明，卷面比较清楚。

C：卷面较脏乱。

（3）评价报告单（见表4-37）。

表4-37　综合能力测试报告单（六年级）

班　级		姓　名	
评定细目		评定等级	
活动一：设计卷首语		A（　）　B（　）　C（　）	
活动二：做各活动流程安排		A（　）　B（　）　C（　）	
活动三：预估购置奖品金额		A（　）　B（　）　C（　）	
活动四：选择背景音乐曲目		A（　）　B（　）　C（　）	
活动五：设计节日LOGO		A（　）　B（　）　C（　）	
活动六：调查过程表现		A（　）　B（　）　C（　）	

四、反馈与改进

（一）细化过程性评价

对于长项目的学习来说，评价的过程性是比较充分的，但对于非长项目的学习而言，评价的过程性还不够充分。比如像综合能力测试，更多地还是从任务完成的结果上来进行评价，可以增加过程性的提问，从而引发学生的自我反思。比如：我是否充分研究了要完成的主题？我的研究过程是否清晰？我是否能积极查找信息、主动思考解决问题？我觉得自己的工作对团队是否有贡献？可以根据项目的需要对问题进行修改，从而设计出更适合的量规。

同理，对于过程性评价中的同伴评价和家长评价等，也可以通过量规的设计，细化过程性评价的内容，而不仅仅是星级的评定。

（二）评价细则早告知

评价的目的是促进育人目标的实现，而不仅仅是划分定级。所以在项目学习前，老师可以先告知学生本次学习的评价量规，让学生知道评价的维度和对好的表现的定义，让学生明白活动的目标和意义所在，找到学习的方向和目标，让他们真正地投入学习，以达到更深层次的学习和理解。

第五章　多元评价再造的行动路径

1994年8月,中共中央发布《中共中央关于进一步加强和改进学校德育工作的若干意见》,第一次正式在中央文件中使用"素质教育"的概念。二十多年来,人们不断赋予素质教育以新的内涵。在素质教育的大背景下,《基础教育课程改革纲要(试行)》提出,要改变评价过分强调甄别与选拔的功能,发挥评价促进学生发展、教师提高教学实践改进的功能(中华人民共和国教育部,2001)。多以知识为主要内容,能力辅之的传统学生评价,已远不足以表达学生的全面发展。

一、评价项目上以知识、能力、素养三维递进

随着时代转换,未来对人才的需求已经从"能复制知识的人"转为"能创造知识的人",在这样的背景之下,"素养""核心素养"成为世界各国共同研究的话题。那什么是素养呢?"素养"在《现代汉语词典》(第5版)中的解释是平日的修养。简单地说,是指沉淀在人身上的对人的发展、生活和学习等有价值、有意义的东西。素养与知识(或认知)、能力(或技能)、态度(或情意)等概念的不同在于,它强调知识、能力、态度的统整,超越了长期以来知识与能力二元对立的思维方式,凸显了情感、态度、价值观的重要,强调了人的反省思考及行动与学习。

2014年3月,"核心素养"首次出现在《教育部关于全面深化课程改革　落实立德树人根本任务的意见》中。2016年9月,中国学生发展核心素养总体框架正式发布,它以培养"全面发展的人"为核心,从文化基础、自主发展、社会参

与三个方面,提炼出人文底蕴、科学精神、学会学习、健康生活、责任担当、实践创新六大素养。从此,核心素养进入课程,进入中小学。以核心素养为基础的素养评估成为学生多元评价的重要内容。

那知识、能力、素养这三者之间有什么联系和区别呢? 知识、能力、素养三者都是人所具有的,同时也是可以转化的。知识,在运用的过程中形成能力,能力在情感意志的参与下形成素养。知识、能力可以转化为素养,素养也可以转化为知识、能力。这三者之间是相互联系的,但又有区别。一般来说,能力包含知识,素养包含知识和能力,但不是所有的知识和能力都能转化为素养。多元评价内容项目在知识、能力与素养三个维度进行构建,既注重三者之间的相互联系,又兼顾其区别,从而实现全面立体多维地进行评价与刻画。

多元评价的项目内容分为三大领域,首先是身心健康:即学生的生存基础、身体素质和社会情感;二是德行修养:即传统美德和公共素养;三是知能学力:课程学业。评价中以学生的课程学习与身心素质相结合、以阶段学习与期末评定相结合、智力因素与非智力因素相结合,全方位综合性地全面评价学生。从知学能力的评价来看,语文学科评价的分项是兴趣、习惯、积累与运用、阅读理解、写话习作、口语交际、阅量和书写,数学学科的评价分项是基础运用、综合能力、计算、空间、统计、应用、学法品质,美术学科从兴趣、习惯、美基、造型、构图、色彩、创意、鉴赏、国画、书法,科学学科的评价项目分别是学科兴趣、合作能力、科学思维、探究能力和科学态度。

以语文学科的评价项目为例,语文能力的一般理解是听、说、读、写四个基本方面,听和读是内化的吸收,是理解语言的能力;说和写是外化的表运,是运用语言的能力。这四个方面是紧密联系,相互促进的。在分项项目的设计来看,积累与运用、阅读理解、写话习作、口语交际等项目更侧重学生知识与能力的评价,而阅量、书写的分项评价项目更聚焦学生的学生语文素养,表现为平时阅读量的评价,书法鉴赏与审美素养的评价,将学生阅读素养的评价贯穿其中,作为多元评价的重要内容。

因此,基于知识、能力与素养全面推进的评价,不只是评估教学的效果,还对学生的学习过程,以及学习和克服困难的过程等的兼顾,既提供真实性评价,又以素养能力为导向,注重保持、激发学生的学习兴趣与爱好,建立学习的自信,养成良好的习惯,构建一个促进学生素养发展的评价、反馈、反思、改进和提升的持续性评价。

二、评价方式上以表现、过程、履历三度同行

后现代的课程观认为,评价不能只是把预先设计的目标和学生获得的学习经验进行比较,而应以促进学生经验的发展与转变为核心,使评价成为学生学习过程的组成部分(郑国民,2002)。这就要求多元评价应该注重动态生成,体现过程性和发展性。过程性的观察、描述、趋势揭示等是学生发展评价的重要方式和基本走向。学生学习活动的表现记录、过程描述和履历呈现应该作为多元评价的常态,尽可能客观地、展现式地和自省式地提供反映成长状态的素材与画面,让受评者能够看见一个带有场景性的、发展性的而又有尊重的评价线索与载体。

早在20世纪80年代开始,逐渐在西方国家兴起"表现性评价运动",目的是帮助学生在学习过程中不断发展自己的个性化表现,并创造了"表现性评价体系"。表现性评价(Performance Assessment),也称为"真实性评价"(Authentic Assessment),是颠覆传统的纸笔测验方式,是一种重视过程性和非学业成就理念的评价方式。表现、过程、履历三度同行的评价是充分关注学生在各类学习活动、综合课程等具体表现。学生学习活动的记录、过程描述和履历呈现作为多元评价的常态,是对学生个体在校内外学习、生活、社会实践等方面,收集、整理的文字、图片、音像等资料,能反映学生个体成长的客观过程。

在学校特色课程的多元评价中,重视考查学生在实施过程中的参与程度与活动表现,关注学生在活动过程中的积极性、主动性发挥程度以及合作情况、活动体验等,体现表现、过程同行的多元评价方式。如学生每月一次的《主题学习》课程强调从参与表现、成果展示展开评价,《科学家》课程注重对理性精神和实践能力的评价,《经典戏剧》则从自我挑战、想象创造进行评价,既有等级的呈现,又有成长足迹的具体描述,量化评价与质性评价相结合。同时,学校进一步建立健全了学生多元评价的电子平台和学生成长记录袋等综合素质档案。这些过程性、表现性评价的资料是由学生和教师共同完成的,主要包括哪些内容呢? 主要涵盖了表现学生发展变化的资料,反映学生的成长轨迹,贯穿学生活动从起始到完成的整个阶段。另外,也指导家长做好学生个人成长的材料收集和整理工作,包括学生的自我评价、参赛材料、获奖证书以及各类活动的成长记录等,强调被评价者每一阶段的表现,全面反映学生个体的学习情况、身心发展、社会实践能力等方面的成长。

履历是指个人经历的资料的简要说明,如教育背景,获奖的奖励、资格证书以及荣誉,工作经历(头衔与职责)、发表的文章和做过的演讲,相关经验、曾被授予的认可、完成的项目和以上没有列出的近期或者正在从事的研究工作等。可见,履历是以书面的形式将自身经历与资格进行记录。对儿童来说,任何一个阶段的经历都是宝贵的成长历程,对其书面的正式记录将会成为儿童成长中的关键事件,其影响是深远的。将其参赛经历与获奖情况等进行具体呈现。这对学生的影响是深远的,以履历的形式将其参赛经历与获奖情况等进行具体呈现,如"2018年10月,'我的五彩世界'个人画展成功举办""2019年11月,在校园成功举办个人专场音乐会"等,为学生提供了体验成功和自我反思的机会,也便于各学科教师加强对学生个体的全面了解,让学生展现真实的能力,为学生未来的学科学习奠定基础。

表现、过程、履历三度同行的评价呈现给学生的是多样且丰富的评价。学生可以在被评价的过程中鲜明地认识到自己的现状,其中最突出的便是学生个体自己所有拥有的长处与真正的爱好,增强学生认识自我、激励自我与改造自我的能力,进而促进学生不断成长。

三、评价媒介上以课程、活动、生活三类共通

2016年6月3日,世界教育创新峰会发布《面向未来:21世纪核心素养教育的全球经验》中,基于对未来公民形象的追问探讨,包括中国在内的24个经济体和5个国际组织核心素养,最后梳理出两大类素养,即领域素养和通用素养(见表5-1)。报告同时整理了最受各个经济体和国际组织重视的七大素养,分别为:沟通与合作、创造性与问题解决、信息素养、自我认识与自我调控、批判

性思维、学会学习与终身学习以及公民责任与社会参与。开发体现核心素养的多样化、多形态的测评工具,建立以核心素养为导向的评价与反馈系统,是各国或地区推进21世纪核心素养教育的重要抓手。

表5-1　未来公民所必需的21世纪核心素养

维度		素养
领域素养	基础领域	语言素养、数学素养、科技素养、人文与社会素养、艺术素养、运动与健康素养
	新兴领域	信息素养、环境素养、财商素养
通用素养	高阶认知	批养性思维、创造性与问题解决、学会学习与终身学习
	个人成长	自我认识与自我调控、人生规划与幸福生活
	社会性发展	沟通与合作、领导力、跨文化与国际理解、公民责任与社会参与

　　因此,多元评价以培养未来公民为目标,聚焦学生核心素养的提升,破除以往以课程为主的评价模式,将课程学业评价、活动表现评价和生活状态评价融合打通,更多地聚焦能力与素养,涉及学生学习生活与生命成长的全景生活,让评价更富有生命性。

　　课程、活动、生活三类共通的多元评价,并不是削弱对课程的评价,而是强调课程与评价的积极互动,学生经历的课程(必修课、选修课),平时作业、阶段学习与期末评价相结合,即对学生课程学习与学业成就的评价是多元评价的重要内容。知能领域的评价侧重对课程学力的评价,评价中以学生的课程学习与身心素质相结合、以阶段学习与期末评定相结合、智力因素与非智力因素相结合,全方位综合性地全面评价学生。

　　当然,儿童来到学校,不仅在经历课程学习,还在体验丰富的校园活动。学生在活动的感受、体验、经历是其成长的重要组成部分,也是多元评价的主要内容。对学生活动中的评价不是简单竖个大拇指,或者有口无心地说句"你真棒",而是要让学生及时获得关于活动过程的反馈,改进后续活动,充分肯定学生在各种活动中的态度、活动方式和问题解决策略的多样性以及通过活动生成的情感、态度、价值观。另外，坚持学生成长为导向，尊重学生的个体差异，尊重学生原有的认知水平与活动能力。在《文艺阅读》和《跨文化》多元评价中，关注学生在整个活动中的成长，将活动的结果性资料（作品、观察报告、发布成果等）、过程性资料（活动计划、活动记录、精彩瞬间等）、评价资料（自评表、小组合作评价单和家长点赞单等）整合呈现。

陶行知先生提出：生活即教育，社会即学校。陈鹤琴先生说："大自然、大社会是活教材。"学生在生活中的各种体验与成长是其生命成长的重要部分，将生活作为评价媒介，更好地实现了评价的完整性。基于家庭生活、社会生活的多元评价，是超越教材，超越课堂，时空开放，形式灵活的评价。指向身心健康的多元评价改变了以往仅以身体素质为主的评价，而是将学生的生存基础和社会情感评价融入其中，贯通与生活的紧密联系。这样的贯通融合不是简单的时空扩大与内容泛化，而是聚焦学生的真实生活，如对自理的评价，分为生活自理和学习自理，依据不同年段的学生在生活和学习自理能力上显现的差异主要借助家长、同伴对学生平时学习生活的点滴观察来进行评价。低段学生重在自理习惯上的培养，通过周反馈的形式对学生的自理习惯进行评价。在一周反馈上设置"自我评价"栏目，将"生活自理"和"学习自理"的评价标准按照不同的年段纳入一周反馈，用涂☆的方式促进良好习惯的养成。中高段学生已具备基本的生活和学习技能，采用自评、同伴评和家长评相结合的方式，结合三至六年级的专题研修课程内务要求部分进行"生活自理"的评价。"认识自我"是人提高生命意义和生活质量的一个必须过程，有了认识自我的基本能力，是学生了解与理解他人、融入社会的基础。公民德行的评价是将传统美德和公共素养相结合，关注学生在生活、社会中的多元成长，建立学生、教师、家长、伙伴，甚至社区人士和其他活动者共同参与、交互作用的评价体系。

课程、活动、生活三类共通的评价媒介有效促进了儿童学习、生活、社会之间的联系，让评价内容更为丰富，评价的主体更为多元，评价的方式更为多样，评价的标准更为合理，从而实现评价更为个性化。

四、评价策略上以延续、联结、整合三箭齐发

联系被认为是万事万物得以存在与发展的条件,事物之间只有和谐配合才能使各自发挥最大效用、达到最佳状态。同样,多元评价也应坚持延续、联结、整合三箭齐发,原有的核心评价要素应得以传承与延续,适应学校学生发展评价的制度要求。在新评价体系构建中要联结教师、学生原存的学教资源,将教师原有的与学生评价相关的观察记录、课堂笔记、成绩记载等一系列工作予以正式刻画,进入评估报告书。各领域、学科、活动等的评价应进行统整,破除壁垒建立联系,资源共享增强合作,让数据、素材等评价资源发挥更大的效能,让评价的支持与成本得到高效配置。

联结、整合的评价策略是以学生素养发展为目标,强调教师不能固守学科的壁垒,而是要打开学科的边界,用整体联系的眼光组织、设计和处理各种教育教学活动,逐渐走向学科评价的综合,让学生在综合地带、边缘地带进行知识探险。各学科教师要重新审视传统的评价方式,软化学科的界限,改变单纯以纸笔测试为主的评价方式,加强相互之间的沟通交流,将观察记录、阶段反馈、问卷调查以及访谈笔记等内容进行全面交流,实现学科内整合、学科间整合以及课内外、校内外的评价整合,从而形成多元评价的新形态。

坚持延续、联结、整合三箭齐发的评价策略,是实现评价主体的多元化的基础。现代教育观点认为,教育是唤醒人的求知欲,是唤醒人对生活生命的热爱。而唤醒的其中一个含义便是对自己的认知,了解自己,清楚自己各个方面所具备的条件与已有的知识学识等。学习是学习者自主建构的过程,自我评价既是学习目标也是学习手段,学生既是评价对象也是评价主体。作为积极参与者的学生,一旦成为教师的评价伙伴,会把枯燥的学习评价转变为热情四射的挑战,不只是对评价过程和评价目标有清楚地把握,而且学习动力也会得到激发。

在学校多元化的评价体系中,教师起着主导作用,这是常规评价的延续与继承。好的评价并不意味着要抛弃所有的旧方法,也不意味着要全部采用新方法,而是要不断适应新的评价体系,注重相互之间的协作,班主任要与学科

教师加强沟通与合作,及时互通学生的情绪状态、学习情况与人际交往等信息。如教师要承担多面的评价任务:(1)学科教学过程中,通过问卷、访谈、记录等手段对学生的学科学习进行动态评估;(2)在不同环境中观察学生多方面的表现;(3)组织与实施相关测试,包括编制试卷、作业设计与评价等。随着不同学科教师越来越频繁地共通参与评价活动,他们把自己专业领域的经验带人到评价体系中来,让评价活动变得更具有整合性。

美国的国家教育目标中要求每所学校都要促进家校伙伴关系的建立,提高家长在孩子的社会、情感和学业成长中的参与度。过去,家长的参与被限制在一些特定的活动与课程之中,而多元评价体系中家长与学校教育的关联度更高了,参与面也更广了,成为学校支持系统中的重要组成部分。如在"生存基础"评价项目上,如表5-2所示,家长就成了评价的主体之一,让校园生活与家庭生活有效联结,让评价资源得到最大整合。

表5-2 五、六年级学生自救——期末反馈

评价项目	自我评价	同伴评价	家长评价
公共场所不随意与陌生人接触	☆☆☆	☆☆☆	☆☆☆
知道家庭住址及基本求助电话	☆☆☆	☆☆☆	☆☆☆
遵守交通规则,会说两种以上安全常识	☆☆☆	☆☆☆	☆☆☆
了解未成年人受到侵害的预防方法	☆☆☆	☆☆☆	☆☆☆

教师、学生、家长和社会人士等形成评价的共同体,各自发挥作用,才能让评价更全面、更立体,更重要的是让学生清楚地知道自己的兴趣所向,优势所在,促进学生的全面发展与成长。

五、评价呈现方式上以数据、图表、文符三型对位

每个学生都是多元智能的存在,在评价呈现方式应该更为多元,不同的评

价内容应选择合理的评价方式,在此基础上还应选择最为优化的呈现方式,数值呈现、等级划分、图表描述、文字表述和符号表征应该成为主要的方式,让被评价者在丰富的呈现方式中更全面、更有意义地看见自己,并能够找到前进的方向和努力的位置。

2014年,《国务院关于深化考试招生制度改革的实施意见》在深化高考考试内容改革方面明确要求:"依据高校人才选拔要求和国家课程标准,科学设计命题内容,增强基础性、综合性,着重考查学生独立思考和运用所学知识分析问题、解决问题的能力。"虽说是高校人才选拔评价的导向,但是对我们仍有很大的借鉴意义。仅仅对单纯知识检测的纸笔测试,即"分数主义"。分数主义在国际教育界的界定是:"基于碎片知识的记忆与再现的纸笔测验得分的数值所显示的结果,来判断学生的一切(学力、业绩、能力倾向乃至人的价值)的一种思维方式。"这样的数据评价已不能满足对学生发展的需要了。多元评价倡导数据、图表、文符三型对位的评价呈现。

数据评价是以直观的方式呈现,为学生提供清晰易懂的目标愿景。如语文学科的多元评价采用测试、档案评估、问卷调查、课堂提问、活动等多种方式,评核学生目前的阅读知识、能力、过程、兴趣、爱好与积极性方面的表现,以及未来的阅读发展趋势。这样的数据呈现,不只是对即时学习有影响,还将对学生产生长期的影响,牢固学生的自我效能感。

图表记录能够清晰准确地反映学生在具体领域取得的进步、成功或者遇到的困难与问题。如日常观察记录表可以真实地记录反映学生的成长轨迹。情景化测试、综合测试等的图表资料,可以在任务驱动解决的过程中完成对学生的整体认知、能力、性情与道德的立体式评价等。专题活动课程中学生参与和展示情况的图表记录,社团活动课程中的个人成果展示的图文资料等,一幅画、一个符号或者一个图示比喻都是多元评价的重要内容,全面反映学生成长。

当然,评价只有数据或等级定量评价是远远不够的,学生只能看到一个简单的分数或者冷冰冰的等级。评价追求的目标不是给学生下一个简单的评断,而是要向学生详细阐述获得正确答案的相关线索(Kulhavy & Stock1989:

Banger-Drowns,Kulik,et al.,1991；Mason& Bruning,2001），以及下一步该如何做（Shute,2008）。因此,有文字的评价是有温度的评价,赞赏性评语让学生体验成功,发现自己的长处,强调挖掘每个学生的闪光点,是从一种成功引向另一种成功的评价。教师通过文字,真实地给予学生正面的鼓励,提高学生学习的动机,增强学习的兴趣和自信心。在心理学中罗森塔尔效应已得到证实,教师对学生抱有积极的期望,做出肯定的评估,能增强学生自我实现的信心和动力,使其做出积极的反应。指导建议性评语是从具体的、可行的建议出发,让学生明晰努力的方向,思考自己的不足,明确改进的目标、范围或方法策略,争取更大的进步。

　　多元评价是以知识、能力、素养三维递进,表现、过程、履历三度同行,课程、活动、生活三类共通,延续、联结、整合三箭齐发,数据、图表、文符三型对位,是站在促进学生全面发展,使之成为能够创造未来美好生活的社会人的角度,为学生呈现清晰易懂的学习目标愿景,提供学习过程中描述性的反馈,为学生创造追踪、反思和分享学习过程的机会,真正促进学生的个性化评价。

第六章 崇文多元评价的策略方式

多元评价是指对评价对象有一个完整的认识、判断与鉴定,是一种描述性的、指向性的、非静态可测的预期目标。在此基础上,以期学有所评,评有所获,估有所长,建有所指,让评价始终走在学生发展的前面,保有学生发展的更多可能性。学生在意义建构过程中,表现出来的能力不是单一维度的数值反映,而是对多维度、综合能力的体现,因此对学生学习评价应该是多方面的。多元评价理论体现了主体多元化,内容多维化,方法多样化,促进学生全面发展。

而多元评价的方式,主要呈现为表现、过程和履历。过程性的观察、描述、趋势揭示是学生发展评价的重要方式和基本走向。学生学习活动的表现记录、过程描述和履历呈现应该作为多元评价的常态,尽可能客观地、展现式地和自省式地提供反映成长状态的素材与画面,让受评者能够看见一个带有场景性的、发展性的而又有尊重的评价线索与载体。评价方式的多样性事实上并非我们教育者的主观行为,而是具有个性特点的学生个体的学习与成长的需要而决定的。

崇文多元评价方式主要有以下五大类,日常观察记录、档案袋评价的方式可以真实地记录学生的成长轨迹;情景化测试、综合能力测试等可以在任务驱动问题解决的过程完成对学生的整体认知、能力、性情与道德的立体式评价等。下面,笔者将从概念解读、实际操作及运用效果等几方面进行呈现。

一、观察日志:在课程教学主题活动中评价

日志是一种历史悠久的自我表达方式,古今中外,教师常用这一方式来表达教育情怀、思考,记录自己教育实践的点点滴滴。观察日志是教育叙事在纸笔间、网络上留下的形式,以叙事、讲故事的形式记录教育实践、教育生活中发生的各种真实鲜活的教育事件和发人深省的动人故事,表述自己在实践过程中的亲身经历、内心体验和对教育的理解感悟。

较之于口头评价,文字评价能够更精准地表达人的深层次情感。在日常应用中,教师们创建了包括流水日记、班级日志、评价手册栏目(小伙伴对我说、教师对我说、爸爸妈妈对我说)、家校联系手册等实施评价的文本。这些载体,记录着丰富多彩的校园生活、同学之间的真挚友情、学生时代的美好感受等,教师着力开发其在多主体评价中的独特作用,形成了以日志为媒、多主体评价为径,以激励性语言为导向促进学生健康成长的积极平台。

崇文多元评价的各类"手账"对学生进行全息记录。"手账"二字源于日本,辞典给出的定义:"手账"是经常带在身边,记载心想、要做、怕忘的各种事情的小型记事本。学校"手账"并非简单的记事本,它是集学校活动、班级生活、学生学习成长等方方面面的超级手册,并配以创意手绘插图来装点的手册,它是一种记录,一段记忆,一份承载。教师用各类手账用以全息记录学生表现,如班级手账、学科手账、活动手账等。

（一）班级手账

通过学生和教师记录的,记录一个校园新闻、班级活动、同学生活、班级特色事件、学生学习成长等多方面内容的手册。班级手账类似于"班级漂流书",由学生传递而作,一般没有固定的内容限制。可以记录同学们每天的琐碎心情,记录班会时的重点要闻,甚至是师生认为有趣的小事件。从班级手账可以提炼一个班的"文化密码",可以了解班级中的学生特色,也可以感受一个班级的成长壮大,便于凝聚集体力量,便于教师对班级学生进行了解和个性化的教育。

班级手账的记录内容和形式活泼便捷,以碎片化、系统化的方式呈现,又方便在班级传递、观看,是备受学生和老师喜爱的记录方式。可以根据班级的不同特点进行创新和调整,让其更好更灵活地变身为"纽带",连接师生关系、生生关系,发扬班级特色。

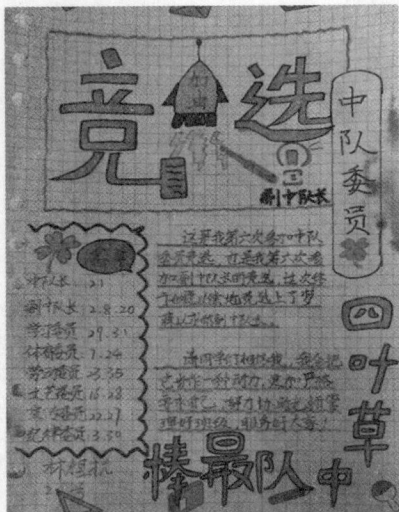

图6-1　自由题材的班级手账

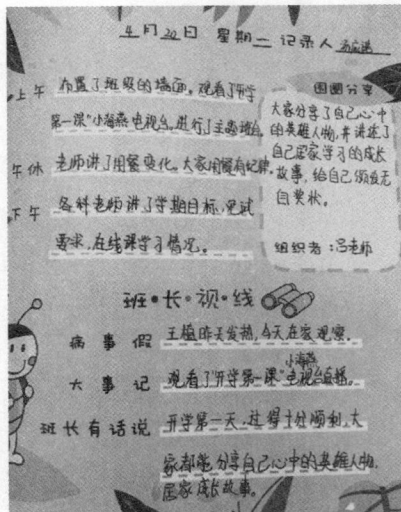

图6-2　格式化的班级手账

(二)学科手账

一般由某门学科老师结合自己的课堂教学,进行日常的全面记录。包括学生的听讲发言、作业情况、测试情况,学生的学情分析等。学科手账有相对固定的几方面内容,便于教师对自己教学的反思和学生学情的科学评测。

通过记录学科手账,教师能够更加准确、科学地对学生进行学科综合评价,也能在教学过程中发现学生的学习问题,及时进行帮助和调整。同时能透过手账反映出教师在教学中的问题和不足,可以及时完善和提升。总之,及时的记录和反馈,能让

图6-3　一位音乐老师的学科手账

教学过程更具科学性和准确
性。教师们可以根据学科特
点、评价内容用好评价手账,
提升教学效果。

（三）活动手账

是老师在组织活动中,根
据日常的各类活动进行一些
图片、文字式的记录,便于教
师对学生活动表现的观察、整
理。内容较广泛:班级好书推

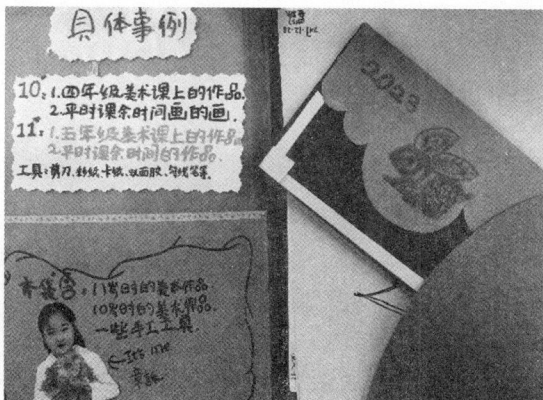

图6-4　一位美术老师的学科手账

荐云手账、生存训练活动中学会打逃生结、科技节中某项实验过程的记录等
等。任何主题活动的项目都可以作为手账记录的内容,基于项目的不同特点,
可以进行记录形式的创新。以更好地服务学生学习,更深入地突破某项知识
或技能。

活动手账能够将大型活动中需要学生制作或者展示的内容以图文形式呈
现出来,便于观看和学习,也可以记录学生在活动中的收获和反思。当然,教
师可以以此为依据,了解学生的反应和学习程度,进行观察、适时调整教育
方式。

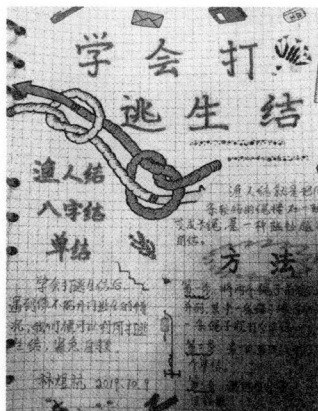

图6-5　四年级生存训练
主题活动手账

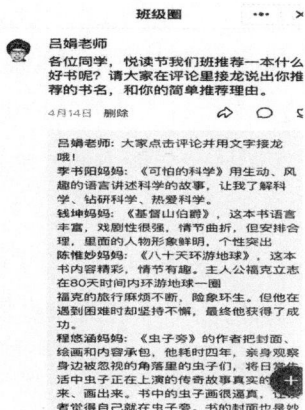

图6-6　六年级悦读节班
级云推荐活动手账

各类手账是教师在真实校园生活中,对学生进行生活学习原貌的记录。在自然情景中对学生的学习、生活、行为进行有目的的、有计划的系统观察和记录,然后对所做记录进行分析,这样有利于还原班级学生学习、生活、活动中的真实面貌。而且,手账的记录时间不限,记录形式灵活,体现的信息却多元丰富,是便捷高效的评价方式。手账成为班级管理、学生成长的新型记录形式,有备忘、规划功能,让学生和教师养成记录的习惯。在班级间的流传,也对师生、生生关系产生积极纽联的效果。

二、主题生活:在班级特色活动设计中评价

(一)主题活动

主题活动是崇文的特色活动,包括三年级走进社区主题活动,四年级生存教育主题活动,五年级国防教育主题活动,六年级农事体验主题活动。

走进社区课程是通过绘制社区地图让学生了解社区的环境、范围;通过小调查让学生了解社区的功能,并学会提出建议;参观社区周边的场馆、建筑,丰富文化内涵,增长知识;通过各种实践活动,让孩子体验公益服务的乐趣,培养热爱社区的情感。

生存训练课程旨在通过各种形式的实践活动,促进学生游泳技能的习得,安全应用知识的掌握,模拟灾难、野外走失等情境,进行逃生技能训练,是实施素质教育和培养全面发展人才不可缺少的重要途径。

国防教育是一门以增强国防观念、提高公民国防素质为目的,以传授国防军事知识、培养学生必要的队列训练、野外拉练、内务整理等技能,培养吃苦耐劳、有纪律、有团队合作能力的社会主义接班人和后备国防力量的综合性活动课程。

农事体验通过对农事内容的学习,了解农业基本知识与技能,体验农事的重要性和必要性,培养深刻的农事情怀,在体验中磨炼意志与品格,进一步增强热爱生活情感的课程。

(二)评价方式

每项活动为期一周,学生会在一周内根据主题进行自我评价,老师会采用一日评价和活动评价两种评价方式。以促进学生积极参与,有所得、有所学。

下面,以走进社区为例,呈现某老师的评价方案。(见表6-1)

表6-1　老师们会采用一日评价和活动评价两种评价方式

学号	姓名	开营仪式 话说社区			走马观花 看社区				走进杨陵子				总分
		遵守纪律	认真聆听	适时鼓掌	遵守规则	认真绘图	合作学习	文明礼貌	服从指挥	队列整齐	文明有序	热情交往	
1													
2													
3													
4													
5													
6													
7													
8													
9													
10													
11													
12													
13													
14													
15													
16													
17													
18													
19													
20													

续　表

学号	姓名	开营仪式 话说社区			走马观花 看社区				走进杨陵子				总分
		遵守纪律	认真聆听	适时鼓掌	遵守规则	认真绘图	合作学习	文明礼貌	服从指挥	队列整齐	文明有序	热情交往	
21													
22													
23													
24													
25													
26													
27													
28													

这是"走进社区"第一天的活动,包括开营仪式、看社区、走进杨陵子等项目。老师结合活动项目,设计一日评价表,包括遵守纪律、认真聆听、文明礼貌、合作学习等16个项目,对学生的交往合作和礼仪,遵守规则方面进行观察评价(见表6-2)。

表6-2　周三走进社区活动评比表

学号	姓名	新老社区对对碰 走进白塔社区公园				我是小小保育员——走进幼儿园				总分
		服从指挥	文明参观	团队协作	学习单情况	懂礼貌	有耐心	很细致	有收获	
1										
2										
3										
4										
5										
6										

续　表

学号	姓名	新老社区对对碰 走进白塔社区公园				我是小小保育员——走进幼儿园				总分
		服从指挥	文明参观	团队协作	学习单情况	懂礼貌	有耐心	很细致	有收获	
7										
8										
9										
10										
11										
12										
13										
14										
15										
16										
17										
18										
19										
20										
21										
22										
23										
24										
25										
26										
27										
28										

我是小小保育员——走进幼儿园

一、学习目标

1.通过帮助幼儿穿衣、整理被褥等活动体验幼儿园保育员的工作。

2.通过与幼儿的交流互动,培养交往能力,以及爱护幼儿的品质。

二、学习时间 5月15日(周三)

三、学习地点 近江艺术幼儿园

四、学习准备

1.了解活动任务,并知道怎样与小朋友交流,帮助他们整理衣物等。

2.女生准备梳子。

五、学习流程

1.了解学校周边的幼儿园分布。

2.谈谈幼儿园保育员的工作。

3.明确"我是小小保育员"的活动任务。

4.一对一模拟练习:梳头、穿衣等。

5.开展实践活动。

6.交流实践体验。

六、学习记录(见表6-3)

表6-3 "我是小小保育员"学习记录单

我知道学校周边有( )所幼儿园	

我今天成了一名光荣的保育员,帮助小朋友:

☆ 整理被褥   ☆ 穿鞋子

☆ 穿衣服、裤子   ☆ 梳头、扎辫子

☆ 喝水、吃点心   ☆ 其他( )

我今天完成的最顺利的任务是	
我今天完成的不太顺利的任务是	

七、学习评价（见表6-4）

表6-4 "我是小小保育员"评价单

内容评价	自己评	同学评
我有礼貌	☆☆☆	☆☆☆
我有耐心	☆☆☆	☆☆☆
我有成就	☆☆☆	☆☆☆

这是"走进社区"第三天的活动，包括走进白塔公园、我是小小保育员等项目。老师结合活动项目，设计一日评价表，包括服从指挥、文明参观、团队协作、学习单记录情况、懂礼貌、有耐心、很细致、有收获等评价项目。在学生的学习单中，我们能够发现，活动后学生要进行学习记录，并对自己的表现进行评价。这样综合且多元的评价方式不仅对学生的交往合作礼仪，遵守规则方面进行观察评价，同时关注活动目标、内容、过程、成果展现，注重是否在活动中有所收获。

下面，以国防教育为例，呈现部分项目的评价方式。

"国之重器"研究性学习单

我们小组的成员是：_____。

我们研究的是_____。我们通过_____

_____等途径了解了这个装备。

通过对国家军事力量的了解，我感受到了：_____

_____。

伙伴对我的评价   老师对我的评价

遵守纪律：☆☆☆   遵守纪律：☆☆☆

知识习得：☆☆☆   知识习得：☆☆☆

技能掌握：☆☆☆   技能掌握：☆☆☆

意志品质：☆☆☆   意志品质：☆☆☆

团队合作：☆☆☆   团队合作：☆☆☆

这是"国之重器"的研究性学习单,旨在让学生带着学习任务去了解装备,感受国防的目的和意义,同时注重团队合作的重要性,通过与同伴的共同探讨和学习,增强学习体验感。

下面以农事体验为例,呈现评价方式。

在这些活动中,我印象最深的是＿＿＿＿＿＿,因为＿＿＿＿＿＿＿
＿＿＿＿＿＿＿＿＿＿＿＿＿＿＿＿＿＿＿＿＿＿＿＿＿＿＿＿＿＿＿＿
＿＿＿＿＿＿＿＿＿＿＿＿。

在野炊活动中,我负责＿＿＿＿＿＿＿＿＿任务,我对自己组制作的饭菜质量评价为:＿＿＿＿＿＿＿＿＿＿＿＿＿＿＿＿＿＿＿＿＿＿＿
＿＿＿＿＿＿＿＿＿＿＿＿,其中最满意的是＿＿＿＿＿＿＿＿＿
＿＿＿＿＿＿＿＿＿＿＿＿＿＿＿＿＿＿＿＿＿＿＿＿＿＿＿＿＿＿＿＿
＿＿＿＿＿＿＿＿＿＿＿＿。

在体验农民事活动中,设计学生自评表,请学生记录印象最深的活动体验,并能结合实际情况,谈谈理由;并对野炊活动中自己制作的饭菜质量进行评价,从而加深对活动的体验感,放大活动的人文意义。

专题活动对于培养学生综合能力起到了积极作用,应用良好的评价方式能够助力活动的开展和落实,以更充分地达成活动效果,促进学生全面发展。但是评价方式不是一成不变的,是根据活动的不同内容、不同要求,进行调整和改善的,以更好地培养学生在主题活动中的规则意识、落实活动的总目标,全面、综合地培养学生。

三、精锻测试:在相关专项测试评比中评价

崇文一、二年级有情境化测试活动,即让学生带着规定数量的钱到超市、菜市场去买物品,独自规划、独自计算、独自沟通等。在这个过程中不仅培养和考察了学生的计算能力、阅读能力、沟通能力,也会引导学生所买物品要集合家人的喜好,学会心系家人,关心家人等。

（一）活动介绍

以一年级情境化测试为例。本次活动为学生提供30元钱,让学生到超市去购买物品,既要做到不超支,合理支配,又要结合家人的喜好,给家人买礼物。

（二）活动要求

此次活动是一次综合能力的检测,前期学校和老师要做好各方面的准备,保证测试的准确有效,同时也要做好活动前的各项教育,让学生真正在活动中成长。

教师在活动前应对预约的超市进行实地勘察并拍照,结合图片向学生介绍超市的相关信息,让学生在思想上做好准备。实地勘察时与收银员进行协商,学生购物时不主动提供帮助,不给学生作金额提示,也不主动给学生会员价。教师在活动前要对学生进行安全、文明礼仪等教育,提醒学生准备一个小钱包、一个购物袋。

设计一张购物清单,教师指导学生尝试列购物清单,引导他们按需购物,并指导学生在口算有困难的情况下,可在购物清单上进行记录和计算。教师在测试前不将总金额告诉学生,不建议家长带孩子去超市模拟购物。

教师在测试活动开始前要对学生作适当的指导和教育。比如,指导学生尽量"取整""估算";在购物时心里要想着长辈,懂得感恩;购物过程中遇到困难要大胆向同学或营业员阿姨等求助。在测试活动中,老师不仅要做好组织工作,还要认真地进行观察和记录,使后续的评价有据可依。第一次购物有误的,及时提醒学生一次,请他重新购物。教师要根据学生的真实情况,客观、公正地给予评价。在进行访谈时,教师要将学生最真实的表达记录下来反馈给家长,不作任何的润色。

杭州市崇文实验学校

表6-5　一(上)年级学生期终"情境化测试"成绩评价报告单

测试任务	超市购物		
姓名		班级	综合评定
分项评定			
数学计算		自我表述	
学生访谈记录			
你为谁买的是什么？为什么？			
购物中遇到过困难吗？怎么解决的？			
对于这次测试,你还有什么想说的？			
主测、评定教师签名			

这是崇文实验学校一年级情境化测试的评价报告单。以超级购物为考察内容,涉及买菜金额的计算,想法的陈述,交往水平的考察等方面。这样的情境化测试对一年级学生的选择、交往、语言表达和计算能力有全方位的考察。再如,计算能力、阅读能力的考察,老师们都会结合课标、教材,对知识、过程、

方法进行分解和科学设计,力图诊断学生某一方面内容的所学。

(三)引领策略

1.及时总结,学习优秀

购物结束后,教师组织学生进行购物活动的总结,及时将认真记录的情况反馈给学生,表扬购物过程中在计算、交往、解决问题等方面比较优秀的同学,也要表扬那些遇到困难主动求助的同学,鼓励大家要向优秀的同学学习。与此同时,教师还可以结合各方面的典型事例,给予学生指导,使学生产生去超市再次尝试购物的迫切愿望。

2.同伴交流,感恩教育

教师发现,尽管在活动前教育孩子要懂感恩,购物时心里要想着长辈,要为他们挑选所需物品,但仍有孩子挑着挑着就忘了,购物袋里尽是自己喜欢的或需要的物品。有的孩子说:“我跟爸爸说要给他买东西,可是爸爸叫我给自己买好了,只要我开心他就快乐。”针对这种情况,教师要及时教育引导,让学生与学生之间相互交流,相互说说这些物品为谁买的? 为什么? 在交流过程中,教师要积极巡察,主动加入他们的交流活动中,适时进行表扬、鼓励、引导,让学生彼此之间相互学习,从小懂感恩。

3.包扎礼物,学习礼仪

在总结、交流的同时,美术老师指导学生动手将送给父母、长辈的礼物用心包扎起来,还可以在包装纸上画上“爱心”等图案。教师要告诉学生送给长辈、朋友、同学的礼物要精心包装,这是礼仪。礼物包装好后,语文老师组织学生讨论:给长辈等送上礼物时要有哪些表现? 应该说些什么? 在交流中让学生习得礼仪:给长辈送礼物时,要双手奉上,并真心诚意地对他们说些表示感谢的话。比如,“外婆,您每天为我准备早饭,太辛苦了! 谢谢您! 这个礼物送给您,希望您能喜欢!”

4.跟踪回访,升华教育

建议家长用照片或文字记录下孩子赠送礼物时的情景,教师围绕“情境化测试”内容出一期墙报,将学生购物时的精彩瞬间,学生赠送礼物时的感人画面等张贴在墙报上。同时,教师积极向校报投稿,让这些精彩也呈现在校报上。此时无声胜有声！我们的感恩教育、礼仪教育就在无声的图片与文字的交流中得以升华。

四、阶段考核：在单元过关测评中评价

崇文实验学校各门学科都会进行过关测评，阶段性考核学生的所学。阶段考核将以学情反馈的形式进行反馈。以方便准确呈现学生一个阶段的学习情况，定期总结、反馈，以及时调整或保持学习状态。

如语文学情反馈（以六年级语文阶段反馈为例）。

六年级语文第×单元阶段反馈表

姓名　　　　学号

表6-6　线上课堂表现

评价内容	自评	教师评价
课堂倾听	优秀（　）良好（　）合格（　）	优秀（　）良好（　）合格（　）
学习站发言	优秀（　）良好（　）合格（　）	优秀（　）良好（　）合格（　）
总评	优秀（　）　良好（　）　合格（　）	

表6-7　作业情况

评价项目	具体情况
课堂作业本	共（　）次，优秀（　）次
作文本	共2次，优秀（　）次
	迟交、迟订正（　）次
作业总评	优秀（　）　良好（　）合格（　）
书写总评	优秀（　）　良好（　）合格（　）

表6-8 阶段练习单项评价等级

项目	识字写字	阅读理解	习作/写话	书写	总评
单元练习	优秀( ) 良好( ) 合格( )	优秀( ) 良好( ) 合格( )	优秀( ) 良好( ) 合格( )	优秀( ) 良好( ) 合格( )	优秀( ) 良好( ) 合格( )

表6-9 阅 量

阅读时间	每天阅读30分钟以上( )　　每天阅读15分钟( ) 每天基本不阅读( )		
阅读书目			
总评	优秀( )	良好( )	合格( )

这是一份语文学科的阶段反馈表,我们可以看到从听、说、读、写各方面老师均依托日常的表现进行了阶段评价。具体标准如下:

(一)课堂表现

1.倾听:每节课中能专注倾听老师与同学的发言为优秀。能比较认真倾听老师讲课与同学发言为良好。听讲欠认真,有时需要提醒的为合格。

2.发言:能积极举手发言,参与课堂讨论,每节课有1次及以上发言为优秀。能较积极举手发言,参与课堂讨论为良好。能偶尔举手发言,课堂参与度低为合格。

3.诵读:能积极参加诵读,诵读时响亮、投入、有感情为优秀。能比较积极参加诵读,诵读时较认真为良好。能参加诵读,诵读态度一般为合格。

总评标准:5个及以上分项优秀为优秀,4个及以上分项优秀为良好,其余为合格。

(二)作业情况

1.作业包括课堂作业本、看拼音写词语及作文本。

2.单次作业优秀标准:

(1)课堂作业本:按时上交、书写端正,错误不多于3处,并能及时订正,一次过关。

(2)看拼音写词语:按时上交、书写端正,错误不多于5处,并能及时订正,一次过关。

(3)作文本:按时上交,书写端正;总分为30分,得分在24分及以上。

总评标准:作业优秀次数累计占总次数的80%及以上,良好70%及以上,合格60%及以上。

(三)单元练习

表6-10　阶段练习单项等级标准

	积累与运用	阅读	习作
优秀	35～40	25～30	24～30
良好	28～34.5	21～24.5	21～23.5
合格	24～27.5	18～20.5	18～20.5

总评标准:各单项(包括书写)为优秀,总分在84分及以上为优秀,三个单项优秀;总分75分及以上为良好;总分60分及上为合格。

如有特殊,经年级学科组教师集体讨论后可适当调整优秀的评定标准。

(四)阅量

1. 阅量包括阅读数量和阅读质量。评价由自我评价、家长评价、教师评价组成。

2. 阅读时间评价标准:每天持续阅读课外书至少30分钟,积极分享为优秀;每天持续阅读课外书20～30分钟,能分享为良好;每天持续阅读课外书低于20分钟,不愿意分享为合格。

总评标准:2个及以上分项优秀为优秀,1个及以上分项优秀为良好,其余为合格。

结合单元学情反馈,从"课堂表现、作业情况、单元练习、阅量"四个方面进行阶段评价,全优为阶段考核优秀。

阶段考核以过程性评价、综合性评价的方式使学生的学情得到反馈,避免了让学生家长直面分数的情况,而是科学综合地对一个阶段的学科学习做呈现和分析;同时,保证了对学生评价的全程关注,学生和家长定期拿到反馈单,能从反馈单里看出近期的学习状态和效果,可以及时调整和提升,也便于老师及时调整教学策略,更好地跟进下一阶段的学习。

五、典型履历:以典型事件与特殊经历评价

每个学生都是不一样的个体,在校内,学生所经历的主题活动、各科学习都是全体参与的,但是每个个体在活动中的体验感和收获是不一样的。那么,怎么体现学生个性呢? 就需要以学生的特别经历和典型事件作为评价,呈现学生真实的经历、个性差异。

(一)学科履历

教师会在每科的学习上加入典型履历的描述。比如:语文学科,会注明本学期参与了征文比赛、演讲比赛、朗诵大赛,获过什么奖;数学学科,注明学生参与学校创新研究室活动的研究;科学学科,注明学生参加了校内外的科技比赛、成果等;音乐美术学科更多地记录学生展示和参与比赛的一些成果。

这些典型履历以案例形式记录学生在某一方面的突出表现和学习履历,展现学生的个性发展。除了客观的履历记录,还可以针对该生的学科学习特点,执教老师给予恰当的学习点评或建议,以帮助有需要的学生在下一阶段更好地学习和发展。

例如,左边陈××同学的履历主要记录了她在本学期的校内科学学习和校外科技表现上的荣誉。右边胡××同学,履历记录了她在美术学科上的优势表现以及成为美术报会员的校外荣誉。

履历记录方式和等级评价方式相辅相成,有机地融合,使得呈现方式更加清晰、又充满人文性,便于学生和家长看得清晰,明确自身的优势和改进之处。

(二)综合履历

当然,履历记录不止写在学科反馈中,还可以被记录在综合表现里。以德

SECTION8·领域3·知能学力4·科学

姓名：陈惟妙 评价主持：科学教师

序号	内容	综合	项目	等级
1			基础常识	A
2			实验技能	A
3			学科兴趣	A
4	科学	A	合作能力	A
5			科学思维	A
6			探究能力	
7			科学态度	
足迹·建议		本学期获得"科学免试生"的荣誉；上城区科技节创新大赛三等奖。		

SECTION9·领域3·知能学力5·美术书法

姓名：胡锦程 评价主持：美术教师

序号	内容	综合	项目	等级
1			美善	A
2			造型	A
3			构图	A
4			色彩	A
5	美术书法	A	创意	A
6			鉴赏	A
7			兴趣	
8			书法	
9			习惯	
足迹·建议		你对绘画造型有一定的兴趣，绘画作品中表现精彩。继续努力，期待你更多精彩作品。祝贺你成为美术报会员！		

图6-7 两位学生评价报告记录表

行修养领域的评价为例，结合所评项目，可以适当文字记录。比如：三四年级对于"向善"的评价标准是"每周做一件好人好事"，若某位学生没有达到"向善"的标准，老师可以在履历中注明：本学期共做好人好事××件。客观陈述在这个项目中学生的真实表现，并适当提出可操作性的建议。

这样的言简意赅且有针对性的建议，会让学生一目了然地看出自己在各个方面的表现情况，能够继续保持或有效提升。当然，履历建议的撰写是融合在评价过程中的，老师要及时准确记录学生在学期里的重点事迹、真实表现，按时进行记录，保证履历建议的准确性（见表6-11）。

表6-11　《德行修养》评价分项

领域	内容	项目	等级
德行修养	道德法制	基本常识	
	传统美德	向善	
		尽孝	
		礼仪	
		担当	
德行修养	公共素养	规则	
		诚信	
		感恩	
		公益	
履历·建议			

　　履历描述一定程度上保证了评价的独特性,每个孩子都是独立的评价个体,每个孩子都应该被不一样的评价,每个孩子都应该进行有效的"我较",而非"他较"。纵向得出学生个体的成长增量与步伐,更有利于发挥评价的激励与指导功能,促使因评价导致的注重比拼到注重学生个体发展多样可能性的转变。

　　应充分利用动态式呈现学生的阶段付出、描述努力程度,客观呈现学生的现实状态。在崇文多元评价中,评价者注重对被评价者评价内容长期、持续的观察、指导、反馈,以呈现阶段中,被评价者动态的变化及发展,符合人的身心发展规律,进而使评价结论更有据可依。

　　多元评价模式符合学生身心发展规律,能够比较全面、科学、准确地进行评价、考量和展示,便于学校教育把握教育规律和效果,有利于人的全面发展。而评价方式是外在的表现形式,不同的评价内容应选择合适的评价方式。数值呈现、等级划分、图标描述、文字表述和符号表征应该成为主要方式,让被评价者在丰富的呈现方式中更全面、更有意义地看见自己,并能够找到前进的方向和努力的位置,从而更加全面科学地完成对人的评价。

崇文多元评价不只关注评定、鉴定和定义的功能与价值,同时,逐渐迈向与实现评价的激励功能、指导功能与引领功能。通过评价内容的重构,评价方式的变革和评价媒介的创新,让普通变得优秀,让优秀变得卓越,让不行变得可行,这是评价者致力追求的更广阔的格局,更是所有学生发展评价应该追求的终极目标。

第七章 崇文多元评价的实施建议

一、全程与全员双轨道:全员参与下的全时空评价

对学生进行评价是任课老师义不容辞的任务,但只靠教师来评价学生是远远不够的。只有学生、教师、专家和家长组成评价共同体,各自发挥其在评价中的作用,评价的效果才有可能最为显著。有研究表明,作为积极参与者和主动学习者的学生,一旦成为评价主体后,就会把枯燥的学习评价转化为热情四射的挑战,清楚把握评价过程和评价目标,关注自我内在价值和自我成长,学习动力也会得以激发,与自我的互动也会增强。家长介入孩子的学习越多,孩子取得的学习成功就会越大。当学生、教师、专家、家长,甚至社区形成了紧密的合作关系,都成为评价的参与者与协作者时,才能建立一个共同的评价体系,从而促进学生更好、更全面发展。因此,全员参与是全面评价的一个方面。

同样,评价是否全面对于学生的发展而言相当重要,尤其对于未成年的儿童来说,片面的、孤立的评价都会给孩子带来十分重要的不良影响,严重的甚至会错误引导孩子认知自我,从而走偏发展的方向。目前我们的评价,太依赖于终结性评价,缺乏表现性、过程性评价。如果我们请老师正确评价一个学生,老师的第一个反应往往会说:那我们去考个试吧!好像除了测试,对学生的评价就失去了方向。同时,现在的很多评价太过于随意,结果的可重复性比较低,评价信度不够高,无法为学生综合素质评价提供可靠支持。为了促进每个学生的发展,充分发挥评价的教育、促进功能,对学生的评价应该是全面的,既评价学生的学历水平,还要评价学生的德智体美劳等其他方面,如态度、情感、意志、身体健康状况、心理状态等发展情况。所以,全面的、完整的、多角度的全景式评价非常重要。也就是说,制订较为严谨的学期评价计划,告知学生,并按计划实施评价,让评价体现整体性、多元性、阶段性,把评价拉长到学生学习、生活的全过程。通过学生对真实情境的反馈,来合理评价学生。这是基于时间轴的纵向评价。建立跨成果、多步骤的成果评价汇总系统。学生是一个跨学科的完整的主体,对学生的评价需要跨成果、多步骤。这是基于内容线的横向评价。采用线上、线下整合的方式,利用大数据技术,利用数据之间相互影响、相互借鉴,从而建构出一个更真实、更合理的学生形象,并跟前面纵向评价相结合、匹配。只有这样,一个真实的、全方位的学生才会呈现在我们面前。时间上,时时有引领,学生在校的每一个时间段,教师的陪伴让全程评价成为可能,教师与同伴都会给出相应评价;空间上,处处有评价,任何学生所处的学习环境与物理环境都存在评价;人人有评价,是小班环境中的必要评价原则,有学则评,有行则评,让评价伴随成长过程。

二、集中与分散相结合:依据评价项目特点选择合理的评价时间与方式

中小学经常重视定期评价,容易忽视平时评价,应本着适性化、多元化的原则,兼顾定期评价与平时评价,采用集中与分散相结合的方式。"新班级教育"学生评价的原则与特色之一就是分类评价,让评价更具有科学性、针对性与人文性。依据不同课程类型、不同学习活动内容、不同学习方式、不同学习对象、不同学习环境来设计适合的评价方式,实施适切的评价,才有可能让评价真正发挥其功能,切实为学生成长提供支持与保障。应视学生身心发展及个别差异,依各学习领域内容及活动性质,采取纸笔测试、实作评价(表演、实作、作业、实践、鉴赏)、系列实作评价(游戏化评价)、档案评价(资料收集整理、书面报告)、口语评价(口试、口头报告、晤谈)、轶事记录、动态评价等适当的评价方式。如,对于基础性的知识点、认知和理解,利用纸笔测试进行评价是比较恰当的,能较好保证评价的覆盖面和深入程度。一般来说,纸笔测试会在单元结束、学期结束时集中进行。但纸笔测试很难评价学生的实践、创新、合作能力,此时采用真实情境的表现形式评价,通过学生活动或完成任务的过程不但能够评价学生知道了什么,还能够评价学生能做什么,在实际活动中的创新精神、实践能力、合作分享能力等。但即使如此,对学生的评价也不应只依赖于一次测评成绩,而应采取集中和分散相结合的方式,灵活多样,把评价的时间缩短到每节课、每一天、每个月的学习情况,并用数据统计的手段进行客观呈现,并加入描述性的定性分析以弥补数据的不足,使评价更加生动和丰富。

同时,基于评价的显性与隐性属性,为了发挥评价价值,还需将学生评价按表露与否分成缄默隐性、及时显性与延时显性。缄默隐性是及时性的、随散式的评价。如学期初分析基于学生调查问卷,对学生家庭背景、性格特点、学习风格、学习基础、学习需求、优点缺点等各方面进行描述和分析,便可以作为缄默隐性评价,保护学生的人格尊严、个人隐私,让学生始终置于安全支持性的学习环境中,并在原来基础上得到最充分的正向进步。如课中教师的点评反馈对学生起着引导与激励的价值,也可不做记录。及时显性是及时的评价记录。延时显性则是评价结束后的一种分析总结,属于咨询性、发展性、预见性评价。可以包括长时学习中的探究活动、比赛获奖、志愿者服务、其他方面的个人经历与成果。

三、课内与课外有融合:课内评价与课外评价同等要求

崇文多元评价对评价内容做出重构,分身心健康、德行修养与知能学力三大领域,破除以往以课程为主的评价模式,将课程学业评价、活动表现评价和生活状态评价融合打通,更多地聚焦能力与素养,钮联学生学习生态与生命成长的全景生活,让评价更富有生命性。

如"合作"是"新班级教育"学生特质中比较显性的要素,也是多元评价"社会情感"的项目之一。合作学习是"新班级教育"八大特征之一,每一节课上学生都会展开合作学习:同桌合作、小组合作、师生合作。如何将学生置于评价中心,融合课内课外进行评价呢? 首先,需要针对合作制订较为清晰的评价细则,有合作评价的标准和依据,能提高评价的针对性和操作性。课堂合作后,教师需要通过师评、自评、互评,对每位学生和小组在合作学习过程中参与学习的情感、态度、合作精神、个性特点的展现、与成果达成等方面进行综合评

价,以此肯定成绩,保护积极性,使小组合作学习的水平和能力不断提高。

同样,学校开展的各类节日活动,学生无时无刻不在与同伴合作、交往。"红领巾跳蚤市场""春秋游"等活动,学生都会形成小组活动。教师应建立课内外沟通共融的思想,根据评价标准和依据对学生的课外活动进行评价。低段借助春秋游活动单的商讨和填写,班主任可以观察、记录每一位学生的合作和规划能力;中高段借助"学雷锋献爱心"红领巾跳蚤市场活动,由学生申领任务,以小队为单位进行合理的规划和分工,班主任做好观察记录,活动结束后进行简单的反馈和评价。这样,基于"合作"这一社会情感指标的评价,课内课外要求和标准一致,互融共通。

四、校内与校外互补充:统整校内外的学生表现进行综合评价

传统的学业评价内容多以教科书中认知层面的记忆、理解能力为主,较少兼顾态度和习惯、技能与情意、高阶思维能力、生活经历和社会行为。这使得不少学生自我解决问题能力不强或缺乏一定的社会交往技巧。基于此,教师需要引导学生走出教室,参与社区服务和社会实践活动,落实好综合实践课程,以获得直接经验、发展实践能力,增强社会责任感,并通过评价来强化学生的社会行为,提高社会交往技能。

"新班级教育"在教学中设置了《走进社区》《生存训练》《国防教育》《农事体验》等专题研修活动,对每学期的假日小队活动、班级亲子活动、社区志愿者服务、家务劳动等都提出了明确的要求。以任务驱动为导向的课程、综合实践活动和各类少先队活动评价都充分沟通校内外,利用校外丰富的教育资源,为学生提供了真实的、立体的、无边界的学习、实践、交往场所,规避了机械的、以复现为本质的评价弊端,不强调知识和技能评价,以活动过程中的参与态度、行为习惯、团队意识、隐性感受、自尊自信、综合运用、社会责任感以及发展潜力作为评价的准则,关注表现性,体现过程性,促进学生全面发展。打通了校内校外,改变"去情境化"的校内测评,在真实的、特定的活动情境中观察、记录,能发现更真实、更全面的学生。这样,将校内生活和校外生活打通,校内、校外互为补充进行统整的评价显然比只注重校内表现更全面、科学、客观。

五、主观与客观可协调：以数据量化评价和教师专业描述评价相统一

　　评价是教师了解学生的手段，是促进一个新的学习和发展的起点，结合教学目标，采用适切的方式，来衡量学生的学习成果，并提出适性的教学策略，激发学生潜能并补救学生的学习缺失尤为重要。传统的以纸笔测验为主的学业评价，具有计分客观、批阅迅速、易于团体施测及激励学生认知学习等优点，且能发挥公平、客观、省时、省钱的功能。为了提升纸笔测验评价的信度与效度，需统整课程、教材与教学，关注其编制过程的严谨和标准化，应认真确定测验目的，设计双向细目表，讨论试题类型与题数，科学编制测试题。教学作为一门科学，许多特征是可以用客观标准来衡量的。但同时，教学作为一门艺术，又有许多隐性的、深层次的特征是无法用固定的标准来衡量的。因此，不能把量化指标作为评价学生学习成绩的唯一指标，必须进一步拓展教学评价的视野。

　　定性评价的优缺点与定量评价的优缺点正好相反，定量评价客观、精确、可操作性强，重视评价标准的共性和统一性，但容易忽视一些很难量化或不能量化的因素，不能全面反映评价对象的整体情况。定性评价能全面、深入、完整地体现评价对象特点，但不能科学客观反映教学状况。定量评价与定性评价各自都有优缺点，所以我们在运用的过程中，应以学生为中心，充分考虑其利弊，充分发挥每种评价方法的长处，避免其短处，争取寻求最佳结合点，运用适切的评价方式来衡量。不但要运用定量评价还要运用定性评价，使二者有机结合，从而对学生进行多角度、多元化的综合评价，以帮助每一个学生了解自我，全面健康发展。如我校在语文、数学、科学、英语学科中采用的"单元反馈单"便是最好的定性与定量协调统一的范例。每一个学生经历一周或两周学习后，既有练习作业、成长档案袋、轶事记录、课堂发言次数等，又有基于单元教学目标的练习测评，还有老师根据课堂观察、作业情况等给出的涉及态度、情意、策略等的专业描述性评价。需要注意的是，并非只有纸笔测试是客观评价，其余练习作业、轶事记录、档案评价、课堂倾听与发言，也需要严谨的、客观的拟定评分标准作为依据，这些评价也非常客观，可以提高评价的信度和效度。

六、分项与任务两条线：在细目评价和整体评价中寻找平衡

崇文多元评价中，借鉴了泰勒模式对国家课程部分学科进行分项评价。它以教育目标为导向，把教育目标转化为可测量的学生特殊行为目标，并根据这些行为目标编制课程、教材或教学方案，开展教学活动，然后用学生的特殊行为来把握教育目标的实现状况，对教学活动的效果进行评价。如语文学科，根据课程标准要求，分为"口语交际""积累与运用""阅读理解""习作""书写""阅量"几个板块分项评价。因低年段与中高年段评价监测的差异，"积累与运用""阅读理解""习作"三个板块的评价方式有所不同。中、高年段以平时单元练习和期末测试为依据，赋予不同权重进行水平定级，而低年级则依托单元学情反馈单的评价结果进行评定，即根据这几项在八次单元学情反馈单中的等级记录，最终由系统计算法则确定该项等级。"口语交际""书写"主要根据学期目标，在日常课堂、作业中做好记录和统计，结合教材"口语交际""书写"内容，在每一单元中进行评定。根据各单元反馈等级，最终由"计算法则"确定该项等级。"阅量"评价，则结合每学期学科组、班级推出的十二本书计划、悦读节阅读沙龙、成长册的阅读记录、读书卡交流分享，以及学生、家长、教师在单元反馈单中的记录进行跟踪评价。根据八次反馈单上的阅量等级，最终由"计算法则"确定该项等级。

崇文多元评价中还以"主题学习""专题研修"和"项目学习"为形式创建了任务驱动型的评价机制。在课程评价的理念、目的、主体、内容、方式、过程以及结果的解释与运用等方面，以专题的思路和方式来展开的评价制度。这类学习评价将各个知识有机串联形成新的学习结构，将不同学科的知识进行关联与整合。知识（学科）本身存在于复杂的、联系的和综合的环境，有效地达成了学科间的统整。将知识还原它本来面貌更有利于学生对知识的习得，真正展现了学生真实的学习。因此，与学识指向的课程学习评价不同的是，任务驱动评价对老师各学科的专业知识和教学能力提出了更高的要求。评价不再是传统的教师为学生的学习态度、效果进行定性的终结的定论，而是基于学生终

身发展观,更重视过程性、综合性的评价。更注重从多维度对学生的学习活动进行评价,更注重能力指向的综合应用评价,评价标准由刚性的单一化标准走向弹性的多元化标准,评价主体除了教师、学生,也注重让家长及社会主体成为评价者,评价内容更关注对研修学习过程和参与、互动的评价,评价方式更强调描述性分析与把握,采用定量和定性相结合,采用作品展示、学习单评价等更具融合性和多元化。

七、崇文多元评价的管理机制

崇文多元评价在管理机制上,采用学科项目组长负责、班主任管理、教导处审核三级制。

为了达到评价专业化、目标化水平,可以采用学科项目负责制。学科组长和项目组长需要清晰明确地掌握学期目标、单元目标、项目任务,并逐一剖析教材、专题活动的重心,了解学生在学习和活动中可能出现的问题,做出评价内容确定、方式选择、结果解释的专业判断。学科组长须作为该学科评价负责人,定期组织学科教研活动,组织老师做好学期目标制订、阶段练习编制、评价标准制订、阶段学习情况反馈等工作,并认真审核各班级、学生的学科评价。

评价时要兼顾学科之间的差异。各个学科在知识属性、研究范式、学科文化以及学术价值上的不同,形成了学科之间的学术差异性。例如,语文学科注重于感性思维的培养,数学则偏重于学生理性思维的发展,都会对学生的思维发展产生很大的影响。由于学生的学习风格、兴趣爱好、智能特长等不同,在不同学科、领域的表现必然存在显著差异,而崇文多元评价中不少项目散落在不同的学科、领域中,如果各学科老师割裂评价,会造成学生某些表现出现较大差异甚至相互矛盾的现象。作为班主任需要起到评价协调和统筹作用,不能因学生对某学科的特殊偏好而妄加评价,忽视其他的原因,而应探明缘由,组织开展班级教导会议等,加强学科教师间的沟通和交流,帮助学生扬长避短,使学生的个性得到充分张扬,促进学生的全面发展。

教导处作为学校教学管理部门,负责评价管理,包括:后台维护、评价审核,确保评价能真实记录学生成长轨迹,客观、公正展现一学期的成长和收获。每一学期，教导处都会联合信息中心做好评价信息后台的维护，向全校发布评价操作建议和提醒，保证评价的一贯性和连续性，便于老师随时输入基础数据。多元评价细则如需微调，由年级学科组讨论，提交方案至教导处，经过教导处的审核，方能实施。各学科免试生和过关生的名单也必须经由教导处审核。在期末总结性评价阶段，为了保持其严肃性，教导处会认真审核每一位老师递交的评价结果，尤其对描述性评价，会抽样审查。审核通过，已完成评价递交任务的任课老师和班主任不再有权限随意修改，如需修改必须填写申请表，写明修改理由，经教导处审核后方能撤销重新修改，保证评价的真实有效以及权威性。

第八章 多元评价再造的文化推动

一、教育要素的重新定位

"新班级教育"在历经近二十年的课程结构性变革中,深刻领悟评价才是学校教育改革的"衣领",评价改革才是统领学校一切改革的顶层设计。教育主体、教育目标、教育内容、教育手段、教育环境以及教育途径等教育要素在不同的评价体系里发生不一样的功能,包括教师、学生、课程、教学、活动等要素也将在评价的变化中重新洗牌,各要素的属性、地位、特质以及相互间的关系,也会从本质上发生变化,得到重新定位。教师由教材的执行者到课程的建设者,也是评价的组织者和研究者,乃至向学生发展的设计师转身,任务艰巨责任深远,转身虽不华丽,转身但见华章。

专业多元。多元评价的实质是了解学生学习成效的工具,是手段而非目的。教师应秉持专业素养,考虑教学目标,善于用最适合的评价方式来衡量学生的学习成果。多元评价的专业素养,不仅包括学科专业素养与掌握教学目标,更应包括教学专业素养、评价专业素养。

内涵多元。教师在实施学业评价时,要展现评价内涵的生活化、多样化,要兼顾学生的学习历程、生活世界与社会行为。学习过程包括学生的学习方法、习惯、求知历程或解决问题的能力。生活世界是学生日常行为、待人处事的能力。社会行为是学生人际关系的社会行为或社交技能。

过程多元。评价过程要顾及安置评价、形成评价、诊断评价和总结评价。评价不仅是预测学生未来发展、评定学习成果,更要协助学生在教学历程中获得最好的学习。我们教师应转变仅重视在教学后实施总结评价的做法,采取形成评价,将评价纳入教学,并以评价结果作为改善教学的依据,实现过程的多元评价。

时机多元。评价时机包括定期评价、平时评价,需要教师根据学情,灵活实施。

情境多元。评价情境包括教室、教室外情境。决定评价情境时,教师应根据评价目标、评价内涵以及评价方式等因素来权衡。

方式多元。方式多元是多元化评价中最重要的特质。评价不应限于单一的客观纸笔测验,评价方式应至少包括纸笔测验(笔试)、实作评价(表演、实作、作业、鉴赏、实践)、系列实作评价(游戏化评价)、档案评价(资料搜集整理、书面报告)、口语测评(口试、口头报告、晤谈)、轶事记录、动态评价等等,实现评价方式的多元化与弹性化。

二、课程建设的逻辑演练

评价体系重构,带动课程建设逐渐走向完善与成熟。以评价为指导纲领,重新审视课程的设计与编排,包括教学组织与学习方式的选择,乃至课程学习的评价内容、指标与方式都将发生深刻的变化。在调整、重组与创新中完成课程的二度建设,理顺逻辑关系,使之更具系统性与针对性,让课程学习评价与学生发展评价一脉相承。

学校基于校本校情和多元评价体系形成了独特的课程实施路径。如:形成基于分析的活动目标设计编写;形成基于活动策略和评估工具开发的设计;围绕活动、主题和内容进行材料选择的开发;实施后的形成性评价与总结性评价。在实施原则上,我校倡导课程的儿童化和趣味性、游戏化与体验性、综合化与实践性以及发展化与创造性。在课程整合开发、实施的全过程中,不仅学生的能力和综合素养得到了潜移默化的发展,教师的认识和观念也发生了转变。

通过以评价目标为抓手,构建教材整合的新体系:以表现性任务为载体,拓展教材整合新路径;以评分规则为导向,实现课程整合新目标。以评促整的过程旨在通过传递有价值的知识和技能,帮助学生"成人"。

三、学教方式的内涵升华

学生学为中心的学校课程与教学设计,应遵循学生多元评价的目标和指向,以评价内容与项目来驱动学什么、怎么学的理性思考。教师必须重新审视教与学的本质,重塑教学形态和学习方式。学科本位思想必须得到最大限度的蜕变,以全科育人的理念统摄教师的教学活动;学教同行,学评同步,以学代评,以评促学,赋予学教方式新内涵。

有效活化教学体系,促进教学质量的不断提高。多元评价对教学系统作用的产生主要通过以下两个途径:一是通过评价体系作用于教学系统。教学是一个开放的、复杂的、动态的自组织系统已成为大家的共识,而评价历来就是教学系统中不可或缺的一部分。评价体系的优化对教学系统的改进和教学质量的提高有着非常重要的促进作用。因此,多元评价是推动教学系统和提高教学质量不断完善的有效支撑。二是评价方式直接影响教学系统。多元评价主体中的教师和学生同时也是教学活动的主体,在教学活动中通过评价不断改进自己的教与学,从而实现教学质量的全面提高。其中,评价在整个系统中起着重要的反馈和调节功能。由此可以看出,评价体系的优化对教学系统的改进和教学质量的提高有着非常重要的促进作用。因此,多元评价可以通过促进发展性评价的形成,进而不断完善教学系统和提高教学质量。三是评价主体以教学主体的身份直接影响教学系统。多元评价主体中的教师和学生同时也是教学活动的主体,在教学活动中通过评价不断改进自己的教与学,从而实现教学质量的全面提高。

四、职能部门的团队联动

评价系统的升级改良和变革,不是孤立的,必将联动学科组、年级组、教导处、德育处和后勤处等相关部门做出连锁反应,"一石击起千层浪",是对学校整个教育组织体系的新考验,通过连带、逆推、反射等一系列叠加效应,全面推进学校教育教学新秩序的正向构建。学科教学计划的制订、年级工作计划的拟定、教导处学生评价管理、课程中心的课程调整、德育活动的变化,乃至后勤保障工作的实时无缝对接等等,各团队的行动均围绕着评价开展必要的自省与合作。

首先是观念层,又可称之为理念层,是多元评价整体结构所具有的对学业评价性质、目的、功能等的态度与看法。在对多元评价结构的功能进行分析时,曾指出多元评价主体结构应以"发展性"理念作为引领,即各评价主体应以发展性的眼光看问题,不仅将多元评价主体结构乃至学业评价体系看成是发展性的结构体系,对于评价中自身价值观念的把握亦是如此,共同树立以促进学生发展为本的评价观。发展性学业评价理念具有包容性,统整着各评价主体多样的评价观,使各评价主体在发展性评价理念的引领下,在相互之间价值观念的协商中,关注学生多方面的发展,实现学生全面而有个性发展的评价目的。且只有在统一评价理念的指引下,多元评价主体结构才不会似一盘散沙一般,才能形成整体的关联性和结构的松散性,发挥多元评价主体结构的最大合力。

其次是制度层,在多元评价主体结构观念层的影响下,形成了由如下原则构成的制度层:评价主体的构成以情境性为原则;评价目标的确定以科学性为原则;评价标准的制订以多样性为原则;评价内容的选择以全面性为原则;评价工具的选取以适切性为原则;评价信息的反馈以便捷性为原则;评价结果的使用以发展性为原则。多元评价主体在进行评价活动时,应遵循以上原则在评价过程中联结成相应的评价主体结构,有序、高效地完成评价任务。

最后是操作层,指各评价主体在观念层的统领下,在制度层的规制下,根据评价情景要求及自身评价特点,在学业评价活动中各司其职,相对独立地、灵活地完成自己的评价任务。尽管多元评价主体结构拥有统一的观念层和制度层,但并不意味着有整齐划一的操作层。相反,从前面的论述可见,正是这样的观念层和制度层为各评价主体多样的评价操作提供了实现的前提,并能最大限度地促进各评价主体间的协作功效的发挥。具体说来,多元评价主体结构的操作层中,各评价主体依据不同的多元评价主体结构类型,在评价方案的制订、评价信息的搜集、评价信息的反馈、评价结果的使用等环节中进行分工与组合,在操作中充分考虑各评价主体的功能与特征,制订相应地评价活动方案。如在学术型的评价中,学生和家长应根据不同的评价标准,采用不同的评价手段和方法对学生学业不同方面的表现进行评价。

五、教师工作的方式变革

全员全程全时的评价形态,直接颠覆了教师原有既定的工作日常,迅速改变了工作的节奏与常态。一是关注个体:观察记录成为常态,教师应当有效利用班级手账、教学手账、活动手账等适时进行观察记录,无论什么时间、什么空间和什么活动,手账成了必备随签物件。二是档案意识:收集评价素材成为常态,学科教师不仅仅需要收集本学科本人直接参与获得的素材,还有可能收集其他相关教师所获得的评价素材与资源,班主任必将自主收集或收到来自其他教师的评价数据信息,随时做出素材信息的整理与录档。三是专业愿景:活动设计成为常态,无论班主任或学科教师,都需要以各种学生活动作为评价的媒介与依托,科学合理完成学生发展评价工作,单凭考试、测查、面试等已经无法适应新评价体系的需求,难以完成评价机制的正常运行。四是团队协同:伙伴合作成为常态,新评价体系中的部分分项评价,一位教师或者一个学科难以完成,必须由多位教师或者多个团体通过不同方式的合作予以完成,教师间或团队间的交流与共享成了各自的需要。教师工作方式的变革,还有利于教师个体转变教育观念与工作理念,对过往的教学生涯做出深刻的思考,从而打开视野,以更为准确的视角重新看待自己、改变自己和理解自己。

1.建立民主平等的师生关系

教师要转变权威的地位,拓展自身的角色内涵,努力践行学生的协作者、指导者和促进者角色,摈弃过去那种所谓的"师道尊严",与学生建立一种平等的新型的师生关系,营造民主自由的气氛,给学生以充分的自由发展空间。

(1)教师对学生要有真诚的爱。对学生的态度要和蔼、宽容,将学生看作有主见、有尊严、有感情的独立自由的人,了解学生的真实信息和内心情感体验,并能与学生进行有效沟通。尊重学生的意见,允许学生发表不同的意见,不对学生进行讽刺、挖苦,使学生能在宽松、愉悦的环境中自主学习。

（2）建立积极的学生观。多元智能理论极力倡导积极、乐观的学生观，强调教师不要有差生概念，每个学生都具备发展的潜能，只是发展的方向不一样。教师应该千方百计地研究、寻找并抓住学生身上的闪光点，对学生做积极评价。

（3）建立合适的教师期望。教师期望是教师对自己学生未来的行为或学业成绩的推演，是建立在教师对学生现状了解的基础上的。

教师的期望对学生的发展上起到一种导向作用，同时也成为影响学生评价的一个重要因素，导致不同的期望效应。结合多元智力理论调整教师期望体现在以下两方面：①在期望面上，在传统的学生评价中，教师对学生表现形成的期望往往注重言语——语言智能和逻辑——数理智能，以致许多在别的智能领域中有天赋、有才能的学生变成了缺乏动机的学习者。多元智能理论要求教师在了解和开始对学生形成期望的过程中，注意综合考察学生的各项智能，避免仅以学生的智商分数或学习分数来表达学生能力，从而克服呆板的学生定型。②在期望程度上，要把握好合适的度，建议给学生以积极的期望。研究发现期望的合适与否直接关系到学生的学业成就和学习动机强度，过高和过低的期望都不利于学生发展。

2. 以评促教、以教促学

在传统学业评价体系中，教师是唯一的执行主体，集学生学业评价的设计者、实施者、监督者、结果的使用者等角色于一身。尽管多元评价打破了这种单一性的局面，但教师在多元评价主体结构中仍占据主导地位，这是由教师在教学中的主体地位及自身专业能力决定的。教师是教学活动的设计者与实施者，最为清楚评价的目的和要求。教师是学生最亲密的伙伴，对学生的学业情况最为了解。相对其他评价主体而言，教师具有更为专业的评价知识与理论，能够保证整个评价活动的科学性和有效性。因此，教师在多元评价主体结构中主要发挥以下功能：

对学生学业的鉴定与发展功能。教师是评价主体，同时也是教学主体，在教学活动与评价活动开展的过程中，可以充分利用这双重身份，通过对学生在教学过程中所表现出来的知识技能、过程方法、情感态度价值观等方面的评价,改进和完善自己的教学,实现"以评促教、以教促学",从而使学生的学业得到不断的发展和提高。与此同时,教师作为多元评价主体结构中唯一的正式评价主体,承担着对学生的学习结果进行以标准化测验为主的测评工作。因此,教师具有发展与鉴定的双重功能。对其他评价主体的引领与组织功能。在多元评价主体结构中,教师具有得天独厚的专业优势,在评价活动的运行体系中,教师应发挥其优势,引领与组织其他评价主体共同协作完成评价任务。一方面,教师应在评价观念上进行引领,使评价主体树立发展性的学业评价观;另一方面,教师应统筹安排各评价主体在评价方案制订、评价信息收集及反馈、评价结果使用等环节中的任务,使评价工作有序开展。

六、家校关系的新型生态

评价分项的具体化背景下,改变了原有的家校沟通的基础内容与方式。一是家校深度沟通,家长与学生对自我的认知更为立体清晰,增强了家校沟通的深度,显得有话可说、有事可议,说到点上、议到要处。二是家校宽度交流,评价内容的重构,加强了身心健康与生存基础部分,家校沟通的宽度得到前所未有的拓展,家长与各科教师产生多频率的交互,包括体育、美术、音乐以及其他相关的主评教师。三是家校知行认同,家校理念认同不仅仅只停留在宏观上,更应该落脚在操作上,多元评价内容的深度开发,是对教师与家长在理念和实践层面的再一次融合与对接,发挥评价的引领功能,促使家庭教育、学校教育与社会教育的进一步整合协调发展。家校认同,家校互信,家校互补,家校同行,真正将家庭与学校的教育统整,形成强大而有持续性的育人合力,助推学生适切发展。

1.形成双向沟通的教育思想,形成携手共进的合作意识观念

教育的效果取决于学校和家庭教育影响的一致性。家校合作中,学校是主导,家长是主体,围绕学生为中心而展开,前两者之间持何种观念与思想,直接影响着家校合作的结果。首先是学校方面,观念决定行动,角色对应责任,学校应该是家校合作中的领导者和服务者,要充分发挥学校的服务者角色,主动敞开沟通交流的大门,不将家长拒之门外,放下"教育权威"的架子,耐心倾

听家长的建议和意见,以平等、尊重、互商、互享的理念开展工作。其次,建立家校之间的组织制度和机构,通过民主选举,完善规章制度进一步明确家委会的职责、权利、义务,让家委会不再是一顶帽子,而是实实在在为学生服务、为家长发声、为学校助力的组织。赋予权利的同时,积极鼓励家长参与其中,承担义务,构建多方面的交流沟通平台,让家长的建议有渠道可以诉说,让家长从"门外汉"变成"业内人"。在评价机制方面,学校改变只重教学、不重教育的理念,需要建立相应的奖励机制和考核要求,为教师开展家校合作提供资金支持、技术支持、理念支持、组织支持。设立结对帮扶教师队伍,如"家委会""以老带新"的形式,通过树立家校合作的典型,学习经验,总结方法,逐步出台教师与家长沟通的相关技能培训提供支持和奖励政策。最完美的教育应是家庭教育和学校教育两者的有机结合,家庭教育即是启蒙教育,又是终身教育。家长作为家校合作的主要力量,对家校合作的过程和成果有直接的影响。要树立科学、正确的家校合作理念,更新自己的教育理念,关注学校各项政策的实施,积极行使自己的权利,履行参教议教的义务,为学校的发展、学生的发展献言献策。认识到自己不仅是家庭教育者,也是学校教育的参与者,教育教学的监督者,更是学校各项活动的督促者,家长有权参与,有权监督,有责分担,有责执行,在教育的目标、方法、理念、行为上一致,才能树立共同成长理念。共谋教育发展。

2.创新家校合作方式,全面提升家校合作的水平

新型家长会。我校的家长会主张让家长成为主角,而学生可能是策划者或主持人。学生和家长成了家长会的主角,人人都是主角。在以往很多的家长会中,教师往往会单一地以学生的学习成绩为唯一评价依据,一味以成绩论英雄,这样就无法避免目标盲目、形式呆板。而在崇文的家长会上,以加德纳的多元智能理论作为支撑确立了科学全面的评价理念,即人的智能发展是多方面、多层次的,除了成绩,教师还非常重视对学生非智力因素的培养,如学生的意志品质、性格秉性、情趣爱好等。在家长会上,以发展的眼光客观全面地评价学生在学校的表现,以多种形式让孩子们表现自己擅长的方面等。总之,用展示和宽容,用夸奖与鼓励,让学生自信快乐地成长。在这样的平等交流

中,教师也找到了作为班主任和老师的新感觉。这就是我们的孩子我们共同来教育。

"一对一"家长会。这是一种全新的家长会形式。在实施新班级教育的崇文,教师深刻体会到,教师的沟通能力已经成为其专业技能的重要组成部分。良好的沟通,能够达到事半功倍的实效。家长会前,每个班主任与家长做了大量的沟通,征求家长的要求和建议(如,家长希望和哪位学科教师沟通,希望了解哪些内容等),同时,班主任与学科老师做了沟通,要求学科老师科学使用好每个时间段,每个学科老师必须尽可能了解学生在各学科的学习情况以及其他情况,做到有备无患。任课老师像门诊医生一样坐诊一天,这种评价针对性强,对学生和家长真正做到了评价多元化。

"world café"家长会。来自各班的家长代表,在年级组长的引领下,大家在悠扬的世界名曲中,边品咖啡,边说说和孩子一起成长的故事,分享孩子道德教育方面的经验,体验了"world café"团队讨论模式的魅力。将家长们随机分成几组,每组有一位组长。每张桌上都准备好了供记录和制作名片的彩色纸。由主持人宣布活动要求后,各组成员开始了各自的讨论。各组的讨论从成员的自我介绍开始,然后是相互说说和孩子一起成长的故事,可以说说家长带给孩子的影响,也可以谈谈孩子带给家长的影响,说一说家长觉得孩子成长中最重要的是什么,家庭教育中的困惑等。在家长交流的过程中,主持人随时引导,请各组把交流心得以图文并茂的形式反映出来。因为共同的话题,先前还陌生的家长一会儿就变得熟络,宽松愉悦的氛围把家长的智慧发挥到极点。所有的参与者在"world café"这种新颖的讨论模式中,不仅体会到了多思维冲撞的快感,而且彼此结下了深厚的友谊。"world café"式家长会,引领家长走向深层次的育人理论的探讨。

家长学校。家长学校是学校教育的一部分,作为家校合作的特殊机构,在传播教育教学信息,开展各类公益讲座,融洽家校关系具有重要的作用,也是我校家校合作中有益探索途径之一。家长学校,从狭义上讲,教育的对象是广大家长。在这个组织里面,家长是受教育者也是被教育者,他们在这两种角色当中,相互转换。学校以活动为依托,每个学期定期开展家长学校,邀请专家、学者、家长轮番登台,在教育政策的解读和传播方面,家长扮演的是被受教育者的角色,在家庭教育经验分享方面,家长又扮演的是教育者和传播者的角色。无论是哪一种角色,家长都能在各自的角度汲取到有益信息,提高自身的教育水平,更新教育理念,转变教育方式、方法,从而纠正或避免一些教育问题或不良教育现象的发生。要通过各种手段、方式吸引家长参与到家长学校的工作中来,例如学校通过积分的形式,奖励积极学习的家长和孩子,形成家长乐于去讲学,孩子又能督促父母学的局面。

家长委员会。传统意义上,学校的评价功能仅限于学校领导对老师、老师对学生,是一种自上而下的垂直型评价,老师和学生都处于被动的地位。而家委会介入学校评价是我校管理制度的一个突破口,这种由家长参与的开放式评价,老师不再仅仅是评价的主体,而是成为评价的对象,学校管理者、老师、家长和学生共同承担起促进教师发展的职责。这样的评价方式不仅给学校管理者带来全新的考验,还能促进教师团队的优化发展。评价涉及面很广,有学校管理评价、教师师德评价、学生活动能力与个性发展评价等。每次家委会参与或组织学校活动,都能以主人翁姿态行使好权利,认真记录,及时评价,主动与分管领导沟通。我校家长委员会是在校学生家长代表自愿组成的群众性组织,是学校教育教学管理的一个重要组成部分。家长委员会成员按照自愿参加、民主推荐的原则产生,一个班级一名代表,聘期一年。家长委员会的权利与职责主要包括代表全体家长向学校教育教学工作提出意愿与要求,为学校建设、管理等方面的工作提出合理化建议,为办好学校出谋划策。定期来校了解教育教学工作情况,听取校长的学校工作报告,并将学校教育目标、要求及教改动态及时传达给全体家长。积极参加学校的重大活动,如儿童节、运动会、科技节、艺术节、元旦送祝福、学校教学开放日等。协助安排有专业知识的家长或社会各界人士来校给师生作形势报告,开设科技、法制、文学、艺术等方面的专题讲座。配合学校或班级开展一些校外综合实践活动、亲子活动,并尽可能解决活动中的一些问题。主动向社会各界宣传党和国家的教育方针、宣传学校的办学思想,以扩大学校知名度,并协助学校发动家长及社会力量捐资助学、奖学,为形成全社会尊师重教的良好风气尽力。

家长开放日。我校每学年会组织"家长开放日"活动,通过课堂教学、学生座谈、家长座谈等方式,向家长开放。其目的,一是让家长近距离了解"新班级教育理念"在教育教学工作中的展现、学生学习现状、班级文化建设等;二是借"第三只眼"——家长的视角了解老师的工作状态和敬业精神。在"家长开放日"活动的最后阶段,由班级家长委员记录家长的意见和建议,递交学校行政会商讨与决策,最后由家长委员向该班家长反馈。家长委员站在家长们的角度,来审视学校教育教学工作,向学校提出家长的意见和建议,真正行使好家长委员为广大家长服务的权利和义务。这样的互动过程,让学校决策层听到了来自家长的真实声音,有利于改进学校工作。在"家长开放日"活动中,家长委员的主人翁意识是学校可持续发展的社会保障。

班级亲子活动。亲子活动是我校多元评价的重要组成部分。活动由家长委员和老师一起策划、组织,亲子共同参与。家长与孩子一起深入工厂、街道、大自然,一起开阔视野,开展丰富多彩的活动。家长们互通家教理念,交流家教心得,与孩子共学习、共成长。亲子活动分成如下几类:游山玩水,增强体能,陶冶性情;博物馆游,增长知识,拓宽视野;社区活动,服务社会,了解民情;生态劳动,认识农村,了解农作物,增强劳动意识;城乡结队,走进偏远地区,了解弱势群体,奉献爱心等。各班自主开展的假日亲子活动,不仅密切了生生关系、师生关系、家校沟通。另外,亲子活动也在积极引导学生和家长的节能消费和健康向上的假日生活。亲子活动成为学校家长会的延伸,这其中,家委会发挥着积极的组织功能。

模范家长评选表彰。不仅家长评价孩子,在崇文,孩子们也对自己的家长进行评价,体现了评价主体的多元化。每一年,崇文每个班都要评选出班级模范家长,最后全校再评选出校级模范家长。

评选条件:

1. 崇文实验学校一至六年级家长均可参加。

2. 家庭和睦,工作积极,作风正派,无不良嗜好,为子女做榜样。

3. 关心孩子成长,引导孩子树立积极向上的人生观和价值观;利用节假日带孩子参加社会实践活动。孩子在道德品质、待人接物、行为习惯、学习习惯等方面表现优秀或进步明显。

4. 积极参加家长学校组织的每项活动,如家长会、亲子活动、开放日活动等;主动协助学校、班主任开展学生德育活动;积极关注班集体的全面发展;积极承担志愿者服务的家长可优先考虑。

5. 模范遵守《新班级教育家长公约》;热心教育,赞同与支持崇文的办学理念;在不同场合宣传、维护崇文形象。

评选流程:

学生填写《夸夸我的好爸爸(妈妈)》——班级分享评议——班主任、任课教师意见征询,确定人选——评选小组审核——大会表彰分享。

在"夸夸我的好爸爸(好妈妈)"模范家长评选活动中,每个孩子都参与其中,勇敢地表达对父母的爱。而这份温暖和感动,也延续到了表彰的舞台。

在大会表彰中,为模范家长颁奖的正是他们可爱的孩子。孩子们为爸爸妈妈诵读自己亲手写的颁奖词,充满爱意的真情告白感人至深。家长们从孩子手中接过证书,得到自己孩子的肯定,意义非凡。

后　记

　　"新班级教育"学生发展多元评价的研究历经三阶段近二十年,聚焦引领、指导、激励和综合素养形成,是多元评价第三阶段主要的研究方向,我们称之为崇文多元评价"3.0版"。主要以目标驱动的分项评价和任务驱动的任务评价有机融合模式,基于教育体制现实和理想的平衡与考量,我们采用"两条腿"走路,力求让学生在适切的评价环境中得到最好的发展。

　　《新班级教育:学生发展多元评价3.0行动方案》作为浙江省2020年度规划课题,在省市专家的指导下,取得了丰硕的成果。作为课题成果之一,《新班级教育·学生发展多元评价的崇文实践》一书能够顺利出版,也是得益于浙江大学博士生导师刘力教授、浙江省教科院院长朱永祥先生、浙江省教育厅教研室副主任张丰先生的倾力指导;杭州市教科所原所长施光明先生给书稿作序;上城区教育局、上城区教育学院的领导与专家对本课题研究的大力支持,提供了很多的结构性资源;还有不能一一列举的领导专家,也参与了本课题的设计与实施,在此一并表示衷心的感谢!恳切希望各位领导、专家以及崇文的导师们能够一如既往与我们并肩前行,在你们的指导与帮助下取得更大的研究成果。

　　崇文多元评价"3.0"方案核心模块研发工程师有尉筱婷、陈朝君、谢莹、孟君、王启茹、章晨、罗靓、曾敏芳、顾云涛、桂玲、费杰和陈敏敏等十余人,是他们的智慧与孜孜不倦的研究精神助推了崇文学生多元评价的再升级。本书在撰写过程中,几易其稿,谢莹、徐岚、郑玲雅、孙旻晗、孙晓燕、吕娟、王启茹、楼说行、郑琳等老师主动参与书稿的撰写与修改，在此表示诚挚的谢意！书中用到的师生的案例文字素材，不能悉数署名，在此也表示抱歉与深深的感激！本书由邵建辉修改并审订。

由于我们对课题成果的梳理总结水平有限，故书中难免会有一些不当之处，请您指正，敬请广大读者提出宝贵意见。

编　者

2020年6月于杭州